실리콘밸리에선
어떻게 일하나요

실리콘밸리에선 어떻게 일하나요

초판 발행 · 2022년 9월 28일
초판 4쇄 발행 · 2024년 5월 17일

지은이 · 크리스 채
발행인 · 이종원
발행처 · (주)도서출판 길벗
브랜드 · 더퀘스트
출판사 등록일 · 1990년 12월 24일
주소 · 서울시 마포구 월드컵로10길 56(서교동)
대표전화 · 02)332-0931 | **팩스** · 02)323-0586
홈페이지 · www.gilbut.co.kr | **이메일** · gilbut@gilbut.co.kr

기획 및 편집 · 유예진, 송은경, 오수영 | **제작** · 이준호, 손일순, 이진혁
마케팅팀 · 정경원, 김진영, 김선영, 최명주, 이지현, 류효정 | **유통혁신팀** · 한준희
영업관리 · 김명자 | **독자지원** · 윤정아

디자인 · 유어텍스트 | **교정** · 최진 | **CTP 출력 및 인쇄** · 금강인쇄 | **제본** · 금강제본

ⓒ 2022, 크리스 채
ISBN 979-11-407-0146-9 03320
(길벗 도서번호 090215)

정가 18,000원

실리콘밸리에선 어떻게 일하나요

직원 만족과 경쟁력을 함께 키우는 조직문화 7

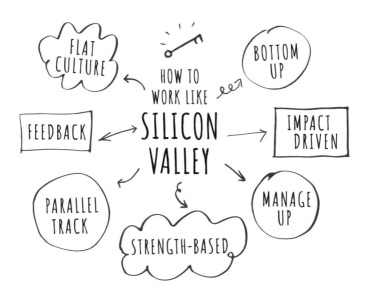

크리스 채 지음

더퀘스트

"실리콘밸리에선 어떻게 일하나요?"

안식년을 갖기 위해 한국에 와서 기업 리더들과 만났을 때
가장 많이 들은 질문이었다. 티타임에 설명을 다 하기엔 부족하고
도움이 되고 싶은 마음은 커서 책을 쓰기로 결심했다.

지속적인 혁신의 가장 중요한 열쇠가 사람과 조직문화라는 걸 깨달은
멋진 리더들에게 이 글을 전한다.

3 플랫 컬처
FLAT CULTURE

"모두에게 변화에 기여할 기회가 있다"

보텀업이 직원들과 리더 사이에 존재하는 다이내믹이라면, 플랫 컬처는 직원들 사이의 동등한 역할과 책임 문화를 뜻한다. 프로젝트의 시작점에선 모두에게 동등한 기회와 참여권을 제공하여 다양한 아이디어와 피드백을 수집한 다음, 객관적인 결정 구조를 통해 목표를 달성함으로써 플랫 컬처를 성과로 연결할 수 있다. 동등한 기회로 시작을 하더라도, 최종적으로는 성과에 직결되는 기여를 한 사람과 안 한 사람의 임팩트를 냉정하게 구분하고 평가하는 것이 자율성과 성과 보장의 비결이다.

4 매니지업
MANAGE UP

"내 상사는 내가 관리한다"

나의 팀장을 내가 관리한다는 조금 낯선 개념일 수 있다. 나의 일과 커리어를 가장 잘 아는 사람은 나 자신인 만큼, 나에 대한 많은 정보들을 팀장에게 제공하고, 팀장이 나를 잘 도울 수 있도록 내가 팀장을 도와야 한다는 개념이다. 팀장이란 존재는 늘 일이 많고 바쁘고 완벽하지 않다. 우리는 어쩌면 팀장들한테 비현실적인 기대를 갖고 언제나 답을 줄 거라고 생각하는지도 모른다. 팀장을 포함한 내 상사들을 어떻게 매니지업 해야 나의 성과와 만족도가 높아지는지 알아보자.

5 평행 트랙
PARALLEL TRACK

"승진의 길은 한 가지가 아니다"

관리자(People Manager)는 '사람에 올인'하며 조직을 성장시키고, IC(Individual Contributor)는

'실무에 올인'하며 최고 전문가로 성장하는 두 가지 커리어 트랙이 존재한다. 즉, 관리자(팀장)는 세계 최고의 팀을 만들고, 그 팀의 실무 리더인 IC는 최고의 프로덕트를 만든다는 목적으로 서로 대등한 파트너십을 맺는다. 팀에 대한 모든 관리와 책임을 관리자가 쥐고 있기 때문에 팀의 IC들은 전문성을 키우고 난이도 높은 문제를 해결하는 데 집중할 수 있다.

6 강점 기반 컬처
STRENGTH-BASED CULTURE

"잘할 뿐 아니라, 즐기는 그 일을 하라"

모든 분야가 중간 정도의 레벨까지는 어느 정도의 기술과 실력이 있어야겠지만, 시니어가 될수록 자신의 독보적인 강점을 살려서 한 사람이 한두 분야에 최고가 되는 것이 회사에도 유리한 전략이다. 팀 내에 5가지 기술을 적당히 하는 5명과, 1가지씩의 기술을 마스터한 5명이 경쟁하면 당연히 후자가 유리하기 때문이다. 이를 위해 회사는 모두가 강점을 살릴 수 있는 일과 커리어를 선택하기를 권장하고 지지한다. 단, 메타가 정의하는 '강점'은 단지 '잘하는 일'이 아니라 '좋아하고 즐기는 일'이다.

7 임팩트 드리븐 컬처
IMPACT DRIVEN CULTURE

"마지막 열쇠, 결과에 대한 책임"

자율성이 강한 조직문화가 성과로 이어지도록 하는 중요한 열쇠가 바로 '책임'이다. 먼저 모두에게 성장할 기회와 환경을 충분히 마련해주고, 그 후에 결과의 임팩트를 평가해서 성장을 더욱 장려하든지 아니면 회사 밖에서 다른 길을 찾도록 도와준다. 그렇기 때문에 메타도 지금껏 실력자들을 유지해왔고, 그들에게 충분히 자율적인 조직문화를 믿고 조성해줄 수 있었다. 이쯤에서 누군가는 '책임제도는 너무 엄격한 거 같은데?' 할 수 있다. 그렇지 않고, 직원과 회사 모두 윈윈인 이유를 공개한다.

PROLOGUE

문화를 이해하고 활용하는 것에 대한 남다른 관심

"Where are you from?"

수없이 이사하고 다양한 문화권에서 살아온 나에게 가장 어려운 질문이었다. 나는 한국계 미국인으로, 미국에서 태어났고 남편은 독일인이다. 어렸을 때부터 가족과 함께 미국과 한국을 자주 왔다갔다 하면서 자연스럽게 두 문화권에 모두 적응해야 하는 환경에서 성장했다. 성인이 되어서는 북유럽 디자인 컨설팅 회사에 입사해 유럽 여러 국가들을 돌아다니며 다양한 문화를 체험했다. 4개국에 살면서 그때마다 각 나라들의 삶의 방식을 내 삶의 방식으로 받아들였다.

사춘기 시절엔 어느 한 곳에 완전히 소속되지 못한 내 배경에 서러움을 느낀 적도 많았다. 그러나 그런 아쉬움은 서서히 나의 강점으로 바뀌게 됐다. 제3자의 눈으로 다양한 문화들을 빨리 분석하고 받아들이고 적응하는 것이 나의 강점임을 깨달은 것이다. 어린 시절에는 그 나라의 문화 패턴을 재빨리 파악하고 카멜레온처럼 '똑같이 따라 하기'의 생존 스킬을 배웠다면, 성인이 되어서는 나만의 가치관과 스타일에 맞는 문화를 직접 고르고 내게 맞는 방식으로 적용하는 법을 배울 수 있었다. 그리고 그 과정에서 새로운 언어를 배우는 것처럼 새로운 문화를 제대로 이해하고 활용하는 것이야말로 나의 생존과 나아가 행복에 엄청난 영향을 끼친다는 사실을 깨달았다. 내가 메타라는 한 회사에서 약 7년 동안 근무한 까닭도 바로 이러한 문화적 요소가 크게 작용했기 때문이다.

실리콘밸리 경험이 전무했던 동양인 여성이 회사의 중요한 미래 전략이자 투자처인 AI 익스페리언스**AI Experience** 팀의 수석 팀장**Head of Design**이 될 수 있었던 이유 역시 내가 메타의 독특한 문화들을 습득하여 온전히 '나의 것'으로 만들었기 때문이다.

2015년 메타에 입사했을 당시 직원 수는 약 5천 명, 이용자 수는 약 10억 명이었다. 그리고 마지막 퇴사하던 해의 직원 수는 5만여 명에 이용자 수는 약 30억 명이 되었다. 이렇게 큰 성장을 하는 과정에서도 회사는 '메타만의 문화와 업무 스타일'을 지켜냈고, 나는 7년 동안 그 과정을 생생하게 목격하고 또한 활용했다.

한 조사에 따르면 실리콘밸리에서 일하는 밀레니얼 세대는 평균 2년에 한 번씩 이직한다고 하니 7년은 분명히 긴 시간이다. 나 역시 구글, 애플, 트위터, 에어비앤비 등 여러 회사들로부터 관리자 직책으로 수차례 러브콜을 받은 적이 있다. 좋은 제안들이 많았지만 그럼에도 매번 메타에 남기로 결정했다. 결정의 이유는 매번 조금씩 달랐지만 가장 근본적이고도 변하지 않은 중요한 이유는 바로 메타의 독특한 '조직문화' 때문이었다.

메타 스타일이 정답이라고 주장하는 것이 절대 아니다. 이 책을 통해 어떤 방식과 환경이 나에게 가장 잘 맞는지, 어떤 문화가 우리 조직을 최고의 성과로 이끌어 줄 수 있을지 생각해보는 계기가 되기를 바라는 마음이다.

일하는 문화와 방식이 결과를 가른다

메타는 글로벌 기업으로 성장했음에도 창업 당시의 DNA가 가장 강하게 유지되고 있는, 독특한 조직문화를 보유한 회사로 유명하다. 그 의미가 뭔지, 그리고 왜 창업 DNA를 유지하려고 하는지, 나는 이렇게 설명한다.

메타의 조직문화를 한마디로 정의하면 '자율과 책임'이 뒷받침된 '인간중심people-centric'의 문화다. 메타의 미션, 즉 존재 이유는 회사 설립 후 지금까지 딱 한 번 바뀌었다. 페이스북 시절에는 "To give people the power to share and make the world more open and connected(사람들에게 공유의 힘을 제공하여 세계를 보다 개방되고 연결되게 한다)."였고 지금은 "give people the power to build community and bring the world closer together(사람들에게 커뮤니티를 구축하고 세상을 더 가깝게 만들 수 있는 힘을 제공한다)."이다. 이 둘의 공통점은 무엇일까? 바로 '사람들에게 ~한 힘을 제공한다'는 점이다.

메타는 늘 이상적인 비전과 미래를 개척하기 위해 노력하는 사람들에게 힘을 실어주는 것을 미션으로 삼아왔다. 이는 메타가 출시하는 제품뿐 아니라 회사 내 문화에도 그대로 드러난다. 메타는 모든 직원들이 일을 가장 잘할 수 있는 자율적인 환경을 마련하는 데 노력을 아끼지 않는다. 이러한 자율적인 업무 방식을 고집하는 이유는 그저 듣기 좋은 소리를 하기 위해서가 아니라 그것이 개인의 만족과 회사의 성과에 가장 효과적이기 때문이다.

그리고 이런 자율적인 업무 방식을 성공적으로 유지하기 위해서는 반드시 '책임'이 따라야 한다고 보았다. 모두에게 기회를 주고 그 결과에 따른 책임을 강조하면서 메타는 지금까지 이 문화를 이상적인 방향으로 유지해왔다.

메타의 독특한 문화에 대한 이해를 돕기 위해 실리콘밸리에서 가장 상반된 조직문화를 가진 것으로 유명한 애플과 몇 가지 비교를 해보자. 애플의 조직문화를 설명하는 대표적인 키워드로는 톱다운top-down, 통제control, 미니멀minimal을 꼽을 수 있다. 조직의 상층부에서 정해진 비전과 방향을 톱다운 식으로 내려보내고 업무를 분배하면 구성원들은 그에 맞춰 업무를 실행한다. 애플은 이런 체계에 따라 품질 경영quality control과 업무 효율화minimal process를 이뤄낼 수 있다고 믿는다. 애플은 하드웨어 비즈니스를 하는 곳인 만큼 빠른 시장 대처가 비즈니스에 매우 중요하기 때문에 이러한 업무 방식을 고안했다고 볼 수 있다. 직원 모두가 자신에게 주어진 업무에만 집중하기 때문에 일을 효율적으로 해나갈 수 있고 스케줄에 맞춰 새로운 제품을 출시할 수 있다는 장점이 있다. 하지만 톱다운 방식이다 보니 아이디어 도출과 혁신에 한계가 존재한다는 단점이 있을 수 있다.

반면 메타의 조직문화를 설명하는 대표적인 키워드는 보텀업bottom-up, 동등함flat, 공유open, 인간중심이다. 비전, 즉 회사의 방향성에 대한 큰 그림은 위에서 정하지만 그 비전을 달성하기 위해 필요한 제품이 무엇인지 정하고, 그것을 만들어가는 과정은 거의 전적으로 직원들에게 일임한다. 어느 정도인가 하면, 직원의 자율성이 지나쳐 가끔은 '직원이 갑'이라는 느낌마저 들기도 한다. '좋은 아이디어는 언제, 어디서든 나올 수 있으므로 모두의 의견을 듣는다'는 철학이 혁신적인 아이디어로 이어진다는 장점이 있다.

하지만 제품 제작 과정은 애플만큼 깔끔하지 않을 수 있다는 단점도 존재한다. 많은 사람들의 의견과 다양한 피드백이 오가다 보니 결정 과정이 단순하지 않고 에너지도 더 많이 소비되는 편이다. 하지만 이 과정에서 모두에게 혁신과 변화에 기여할 기회가 주어진다.

이처럼 조직문화와 업무 방식이 상반되기 때문에 회사를 선택한 사람들과 커뮤니티의 성향도 무척 다른 편이다. 애플에 비해 메타를 선호하는 사람들은 미션에 대한 신념이 크고 해결책에 직접 참여하려는 의지가 높다. 남들이 시키는 일을 하기보단 주도적으로 일하며, 과정이 조금 복잡하더라도 아이디어가 넘치는 사람들과 함께 일하는 것이 성과에 가장 이로운 방법이라고 믿는 사람들일 가능성이 크다.

　이 같은 자율과 책임이 강한 조직문화의 혜택을 실감한 사례가 있다. 알다시피 메타의 성장사는 순탄치 않았고, 그런 어려운 시기일수록 조직문화의 중요성은 더욱 빛을 발했다. 예를 들어 2016년 '케임브리지 애널리티카Cambridge Analytica'로 불리는 개인정보 유출 스캔들이 터졌을 때 회사 밖에선 비난의 말들이 쏟아졌고 회사 내에선 잘못의 인정과 앞으로의 해결책에 대한 논쟁이 뜨거웠다. 이 시기에 나를 비롯한 여러 직원들이 회사의 입장과 개개인의 입장에 대해서 정말 많은 고민을 했다. 메타의 책임은 분명했다. 문제의 원인을 찾았으니, 남은 과제는 회사가 앞으로 어떻게 이 사건을 해결해나갈지, 나는 그 과정에 어떤 일을 해야 할 것인지였다. 결국 회사에 남기로 한 대부분의 사람들이 내린 결론은 이러했다. "이건 회사만의 책임이 아니라 우리 모두의 책임이다. 그래서 앞으로 해결책을 찾는 것 역시 모두의 책임이다. 해결책을 찾고 여기서 얻은 교훈을 통해 더 나은 프로덕트 비전으로 향하는 길에 기여하겠다."

　메타는 꾸준히 모두에게 자율성과 책임감을 심어주는 조직이다. 그런 만큼 직원들 역시 개선된 결과를 수동적으로 기다리지 않고 해결책에 주도적으로 참여하겠다는 강력한 동기를 갖고 있었다. 그러한 직원들이 모여 끊임없이 피드백을 주고 해결책을 향해 노력했기에 메타는 어려운 시기를 극복하고 일어설 수 있었다. 케임브리지 애널리티카 사건 이후 몇 년간 회사는 사건 해결과 관련된 팀 설립에 과감한 예산을 투자했다. 이러한 조직문화에서 맺어진 사람들 사이에는 유대감도 끈끈해지는데, 그 덕분에 어려움을 함께 이겨낼 힘도 생겼던 것 같다. 이처럼 뚜렷한 비전과 조직문화가 자리 잡고 있으면 어떤 어려움도 극복할 수 있는 힘이 생긴다. 이러한 경험이 있었기에 나는 위기를 극복하고 나아가 경쟁력 있는 성과를 내는 데 조직문화가 중요한 무기가 된다고 굳게 믿는다.

조직문화란 생태적이거나 역사적인 요소로 자연스럽게 생겨난 것도 있지만 목적 달성을 위해 의도적으로 설계될 수도 있다. 장기적으로 살아남고 성공하는 회사들의 공통점은 각 조직의 비전에 맞게 조직문화를 세우고 업무 방식을 설계했다는 것이다. 메타가 20년 가까운 세월 동안 빠르게 성장하면서 창업 초기의 문화를 지킬 수 있었던 까닭은 일하는 방식 하나하나에 철저히 문화가 배어 있고 수많은 리더들이 몸소 시범을 보이며 그 문화를 현장 곳곳에 전파했기 때문이다.

한국에서 책을 출간하는 마음

메타의 기업문화는 실리콘밸리에서도 독특한 부분이 많아서 다른 회사에서 오랫동안 경력을 쌓은 사람이라도 얼마간은 적응기를 거쳐야 한다. 7년 정도 회사에 있다 보니 메타에 입사한 지 얼마 안 된 동료들은 나에게 찾아와 종종 이런 질문을 하곤 했다. "메타의 문화는 어떻고 어떻게 활용해야 성공할 수 있나요?"

나는 입사 초기 똑같은 질문을 했던 내 모습을 떠올리며 그들에게 성심성의껏 멘토링을 해주었다. 그러다 보니 이런 작지만 중요한 팁들이 회사에 적응하는 데 얼마나 도움이 되는지도 점점 실감하게 됐다. 문득 '이런 나의 경험과 조언들을 한곳에 모아 정리하면 어떨까?' 하는 생각이 들었고, 그렇게 메타의 조직문화와 업무 방식에 대한 글을 정리하기 시작했다.

개인적인 기록에 가까웠던 글이 책으로 탄생하게 된 계기는 안식년을 맞아 한국에 들어와 여러 IT 기업 및 스타트업을 만나게 되면서였다. 2021년 가을, 나는 10년 동안 준비해왔던 안식년을 위해 메타를 떠났다. 미국 횡단 여행을 마치고 한국에 들어와 여러 기업의 사람들과 만났는데, 그때 들었던 말들이 계속 기억에 남았다. 회사 임원들은 하나같이 '어떻게 조직을 잘 운영하는지'를 궁금해한 반면, 직원들은 '퇴사하고 싶다'고 말하곤 했다. 회사는 장기적인 경쟁력과 성과를 위한 방법how에 해당하는 업무 방식와 제도를 궁금해했고, 직원들은 기존의 업무 방식에 실망한 나머지 아예 '조직생활이 나에게 맞지 않는 것 같다'고 생각하기 일쑤였다.

이러한 생각의 차이가 발생하는 이유가 뭘까? 이 두 가지 다른 문제점의 해결책은 사실 하나로 연결된다. 바로 직원들에게 더 많은 자율성과 책임감을 주는 인간적인 업무 방식이다. 내가 7년이나 메타에 남은 가장 큰 이유이자, 뚜렷한 성장을 가져다준 결정적인 요인이 바로 이 책에서 소개하는 일곱 가지 조직문화였다.

이는 한국의 기업들에서도 다르지 않을 것이다. 회사가 더욱 성장하고 개인도 만족스러운 조직생활을 하며 함께 성장하는 데 이 일곱 가지 조직문화가 답이 될지도 모른다는 믿음에서 이 책을 쓰기로 결심했다.

물론 조심스러운 점도 없지 않았다. 메타의 조직문화는 근본적으로 미국 고유의 문화를 바탕으로 탄생한 것이기 때문이다. 한국에선 한국 고유의 문화와의 결합을 고민하며 조직문화를 설계해야 할 것이다. 사실 메타의 조직문화가 장기적 관점에서 좋은 결과를 가져오기는 하지만 그 과정이 조금 '시끄러운' 경향이 있긴 하다. 그러나 나는 한국의 다소 수직적이고 인간적인 배려를 중시하는 문화에 자율적인 문화가 입혀진다면 오히려 더 멋진 시너지가 발생하리라고 믿는다.

한국인들만의 독특한 문화와 창의적인 아이디어에 이미 성과가 증명된 조직문화가 잘 더해진다면 어떤 결과가 나올지 상상만 해도 가슴이 설렌다. IT 기업뿐 아니라 어떤 조직이든 구성원들에게 책임감과 신뢰와 자율성을 부여하는 조직문화는 모두가 찾고 있던 해답일 것이다. 조직의 성공과 구성원들의 성장을 연결시키고자 하는 나의 바람과 응원이 이 책을 통해 전해졌으면 한다. 밝은 미래를 꿈꾸고 이를 실현시키기 위해 고민하는 사람들에게 부디 이 책이 많은 도움이 되기를 바라며, 파이팅!

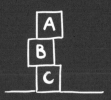

이 책에는 IT 기업에서 주로 쓰는 용어들이 등장한다(다른 업계에서도 이와 비슷한 표현을 사용하기도 한다). 영어를 그대로 쓰는 조직도 있고 한국어로 적절히 번역해서 쓰는 조직도 있을 텐데 이 책에서는 가급적 영어 단어들을 그대로 사용해 오해를 피하고자 한다.

비전 | vision

조직이 도달해야 할 목적지를 표현한 '장기적인 그림'을 뜻하는 말로, 주로 18개월에서 5년 후의 비전을 논한다. 조직의 구성원들이 머릿속에 같은 그림을 가지고 있어야 업무의 목적의식이 뚜렷해지고 성과 관리가 수월하다.

임팩트 | impact

'왜 그 비전을 달성해야만 하는지'에 대한 설명으로, 비전(목적지)에 도달했을 때 새롭게 생성되는 가치와 영향을 뜻한다. 가치는 정성적인 부분과 정량적인 부분을 모두 포함한다. 예를 들어 몇 명의 소비자들이 얼마의 돈을 아낄 수 있다든지, 몇 분을 단축시켜 효율성을 높이고 삶의 질을 높일 수 있다든지 하는 표현이 있다. 임팩트의 양이나 질을 측정하여 조직의 성과를 평가한다. 여기서 중요한 것은 임팩트는 단순한 행위나 업적의 결과에서 끝나는 것이 아니라 그것이 세상에 끼치는 영향을 말한다는 점이다.

목표 | goal

임팩트를 현실화시킬 수단이 되는 결과물과 행위에 대한 약속이다. 목표와 임팩트는 그 의미가 비슷하지만 대부분의 조직에서 다르게 쓰인다. 예를 들어 '특정한 제품 론칭'은 목표가 될 수 있지만 그 자체만으로는 임팩트라 할 수 없다. 임팩트에는 론칭된 그 제품으로 인해 '사회나 소비자들에게 생기는 영향'이 꼭 포함되어야 하기 때문이다. 목표는 메트릭, KPI, OKR 등의 용어로 흔히 대체되기도 한다.

이정표 | milestone

목적지까지 이르는 긴 여정의 중간 지점에서, 어디까지 혹은 얼마만큼 달성했는지를 측정하는 데 사용하는 수단이다. 특히 규모가 크거나 성공이 보장되지 않은 어려운 프로젝트일수록 이정표를 세분화하는 것이 중요하다. 결과를 성공과 실패라는 이분법으로 나누지 않고 약속한 바에 따라 업무 완성도와 질을 측정하고 보상할 때 조직 구성원들에게 '하이 임팩트 하이 리스크(high impact, high risk)'의 프로젝트도 지속적으로 장려할 수 있다.

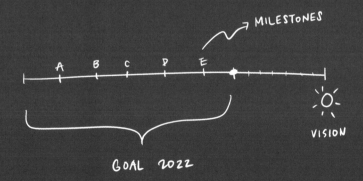

기대치 | expectation

앞서 설명한 장기적인 비전과 그 목적지에 도달하기 위해 해야 할 업무의 목표, 이정표, 순서, 역할 분담, 완성도의 정의 등 모든 것에 대한 합의와 약속이다. 개인의 입장에서 기대치는 자신이 달성해야 할 업무에 대한 약속이다. '무엇'을 달성할 것인가에 대한 약속뿐 아니라 '어떻게' 달성할 것인지에 대한 합의도 여기에 포함된다. 기대치가 세분화될수록 업무 과정이 수월해지므로 성공률도 높일 수 있다.

데이터 | data

임팩트와 방향성, 전략 등에 대한 확신을 증명하기 위해 필요한 모든(질적이나 양적인) 자료들을 의미한다. 모든 업무 진행과 의사결정 과정에는 데이터가 포함되어야 효율적인 논의가 가능하고, 그 일이 얼마나 중요한지 알 수 있다. 데이터를 얻기 위해 이미 존재하는 자료를 발굴 및 수집하는 작업을 하기도 하지만 아직 존재하지 않는 자료를 생성하기 위해 실험을 하기도 한다. 그 작업들을 리서치, 실험 또는 테스트라고 한다.

프로덕트 혹은 제품 | product

흔히 IT 기업에서 프로덕트나 제품이라고 하는 것은 소비자에게 새로운 가치를 선사하거나 생활의 불편함을 덜어주기 위한 목적으로 만들어진다. 디지털 프로덕트는 단순한 기능 하나(예: '좋아요' 버튼)부터 완전히 새로운 제품(예: 오큘러스 VR)까지 종류와 규모가 다양하다. 하지만 대부분의 프로덕트는 디자인부터 출시까지 비슷한 과정을 거친다. 리서치와 데이터를 바탕으로 제품에 대한 가설을 세우고 그 가설을 증명하기 위한 실험이나 테스트를 진행한 후, 성공에 대한 확신이 생기면 론칭을 결정한다. 흔히 프로덕트 매니저, 개발자, 디자이너, 데이터와 리서치 관련 직책들이 모여 하나의 프로덕트 팀을 이루며 서로 협업해 하나의 제품을 기획하고 출시한다.

프로덕트 혹은 제품 디자이너 | product designer

물성을 지닌 제품을 디자인하는 산업 디자이너와 비슷한 개념으로 여기서는 앱, 웹사이트, TV, VR/AR 등의 디지털 프로덕트를 다루는 디자이너라고 생각하면 된다. 디자인 결과물은 다르지만 비슷한 과정을 거쳐 소비자들의 문제점 해결 또는 새로운 가치 생성을 중심으로 프로덕트를 기획하고 디자인한다. IT 분야에서 프로덕트 매니저는 주로 어떤 '프로덕트를 만들까'에 대한 전략과 기획을 담당하고, UX 디자이너는 '어떻게 더 편리하게 사용될 수 있을까'에 대한 유용성 측면의 디자인을 담당하며, 비주얼 디자이너는 '어떤 형태와 모습으로 다가갈까'에 대한 시각적인 디자인을 담당한다. 프로덕트 디자이너는 이 세 가지 측면 모두를 담당한다. 프로덕트의 모든 단계를 총괄하기 때문에 프로덕트 혹은 제품 디자이너라고 불린다.

리더 | leader

대부분의 실리콘밸리 기업들은 리더로 성장하는 데 있어서 두 가지 커리어 옵션을 두는 '평행 트랙(parallel track)' 제도를 운영한다. 사람 관리를 전문으로 하는 '피플 매니저(people manager)'가 하나의 옵션이고, 이 책에서는 주로 매니저나 관리자 혹은 팀장으로 칭한다. 다른 하나의 옵션으로는 업무 관리에 집중하는 'IC(individual contributor) 리더'가 있다. 즉, 리더에는 매니저와 IC 리더 두 가지 옵션이 존재하며 각자의 강점에 맞게 선택할 수 있다.

관리자 | people manager

팀 단위 관리자든 혹은 디렉터나 부사장(vice president), C 레벨 임원(C-level executive)이든 밑에 부하직원이 있어서 사람과 팀을 관리해야 하는 직책을 모두 관리자라고 칭한다. 여느 조직에서 '팀장'으로 불리는 직책과 유사한 개념이다.

팀 리더 | IC leader

팀 리더는 한 프로젝트나 팀에서 리더를 맡은 높은 직급의 IC를 말한다. 직급 레벨이 관리자(매니저)보다 낮거나 같으며 때론 높을 수도 있다. 직급 레벨에 맞는 고난이도 업무의 책임과 권한을 가진 리더다. 조직의 리더로서 관리자 리더들과 파트너십을 맺고 다른 조직원들을 멘토링하며 팀 운영에 큰 공헌을 한다.

일러두기

이 책은 총 일곱 가지의 조직문화를 다루고 있으며, 각 장은 'What – Why – Potential Problems – Tips – Stories'의 형태로 구성되어 있다.

'What'에서는 각 조직문화의 뜻을 정의하고, 'Why'에서는 그렇게 일할 때 어떤 장점들이 있는지 설명한다. 그리고 'Potential Problem'에서는 해당 조직문화에서 발생할 수 있는 잠재적인 문제나 유의사항들을 짚어본다. 어떤 문화나 제도도 장점만 있을 순 없기 때문이다. 'Tips'에서는 그러한 조직문화 속에서 구체적으로 어떻게 일해야 하는지 그 방법을 안내하고, 마지막으로 'Stories'에서 그러한 조직문화대로 일한 실제 사례와 에피소드를 소개한다.

1

BOTTOM-UP
CULTURE

가까운 사람의 책임이 더 크다

WHAT

"메타에 그렇게 오래 남은 이유는 무엇이었나요?"

많은 이들이 이런 질문을 할 때면 나는 늘 보텀업 컬처**Bottom-Up Culture**를 가장 먼저 꼽곤 한다. 보텀업은 톱다운**Top-Down**과 반대되는 의미다. 주어진 프로젝트의 전 과정 즉, 아이디어 수집부터 제품 론칭에 이르기까지 실무자가 주도권을 가지고 일하는 것을 뜻한다. 아이디어만 있다면 누구든지 가설을 세우고 꾸준한 실험과 데이터를 통해 성공 여부를 증명하는 과정을 거쳐 실제로 제품화(현실화)하는 것이 보텀업 방식이다.

여기서 '실무자'는 프로젝트의 종류에 따라 한 개인일 수도 있고 해당 프로젝트를 맡은 팀 단위를 지칭하기도 한다. 보텀업 컬처는 현장에서 일상적으로 그 일을 접하는 사람들이 그 일을 가장 잘 알고 있으므로 일도 그들이 주도하는 게 맞다는 철학에 기반한다. 그럴 수 있는 이유는 철저히 '데이터'를 기반으로 일하기 때문이다. 즉, 데이터를 가지고 이 일을 계속 진행시켜야 할 이유가 있음을 증명해야 하고, 만일 그것을 뒷받침하지 못하면 언제라도 프로젝트를 중단해야 한다. 이러한 암묵적인 룰이 존재하기에 누구나 업무 주도권을 가질 수 있는 것이다. 팀도 부담 없이 도전할 수 있고 회사 입장에서도 리스크가 낮다.

물론 아무리 데이터와 실행의 이유가 충분하더라도 조직 구성원들이나 임원들을 설득하는 데 실패하면 보텀업 방식은 제대로 작동하기 힘들고 팀원들 간의 협업도 약해질 수 있다. 따라서 이 모든 과정을 지휘하는 실무자의 역할과 책임이 대단히 중요하다.

보텀업 컬처의 원칙과 단계

프롤로그에서도 언급했지만 실리콘밸리에서 가장 상반되는 두 회사는 톱다운의 전형인 애플과 정반대편에 위치한 메타라고 해도 과언이 아니다. 애플에서는 비전뿐 아니라, '무엇'으로 '어떻게' 그 비전을 달성할지 모든 사안이 리더 급에서 정해지는 데 반해 메타에서는 전혀 그렇지 않다. 비전만 리더가 잡고 어떤 제품(무엇)을 어떤 과정(어떻게)으로 달성할지에 대한 부분은 온전히 팀이 주도한다. 다시 말해 지금 여러분들이 접하는 메타의 거의 모든 제품과 서비스는 임원이나 관리자들의 아이디어가 아닌 팀 내에서 일하는 실무자의 아이디어에서 시작된 것이다. 그렇게 현장에서 일하는 실무자들이 끈기와 책임감으로 '무에서 유'를 창조하면서 몇십억 유저들의 삶에 다가가는 제품과 서비스가 매년 탄생한다.

보텀업 컬처는 다음과 같은 일곱 가지 원칙 및 단계로 구성된다.

1 **리더의 비전으로 시작한다** 조직에서 일어나는 모든 일을 보텀업 방식으로 결정해야 한다고 오해하면 곤란하다. 우선 큰 그림의 비전은 반드시 경영진 혹은 조직 상층부의 리더가 잡아야

한다. 조직 전체의 비전과 방향이 잡힌 다음에야 구체적인 전략과 업무를 보텀업 방식으로 진행할 수 있다.

2 팀에게 모든 책임을 부여한다 비전이 정해졌다면 어떤 제품과 과정을 통해 그 비전을 달성할 것인가는 팀 혹은 실무자에게 모두 맡긴다. 그 결과에 대한 책임도 함께 준다.

3 기대치를 합의한다 실무자(팀)와 관리자(임원 등) 사이에 해당 프로젝트의 진행 방식, 결과, 책임 등에 대한 기대치를 정확히 잡고 일을 시작한다. 중간중간 그 기대치를 서로 확인하며 모든 절차와 의사결정의 기준점으로 삼는다.

4 데이터 기반의 결정을 내린다 애자일Agile 방식과 마찬가지로 처음부터 완성형의 제품을 제작하지 않고 작고 저렴한 규모의 실험을 통해 여러 가설들을 세운다. 그리고 이를 하나하나 증명해나가면서 제품 아이디어에 대한 확신을 키운다.

5 피드백을 자주 준다 진행 과정 내내 주기적으로 리더의 피드백을 통해 중간 점검을 한다.

6 빨리 실패한다 오랫동안 진행한다고 늘 옳은 답이 나오는 것은 아니다. 여러 번의 가설 증명을 시도한 후 아니다 싶으면 빨리 접는다. 계속 진행할 것인지 그만둘 것인지 그 판단 기준과 그만둘 분기점을 미리 정해두면 좋다.

7 배움 역시 성공이다 프로젝트 중단이 곧 실패는 아니다. 가설 증명과 데이터 수집을 통해 배운 점이 많으면 그 자체를 성공으로 판단하기도 한다. 계속해서 시도하고 더 나은 결과를 찾아

가는 환경을 만드는 것이 보텀업 방식의 존재 이유라고 할 수 있다.

한편 이러한 보텀업 컬처는 회사가 출시하는 제품뿐만 아니라 회사 내에서 일하는 사람들의 업무 방식과 제도에도 고스란히 적용된다. 평소 직장생활에서 불편함을 발견하면 누구든 개선된 제도나 프로그램을 통해 해결 방안을 제안할 수 있다. 그러한 제안이 실현되면 몇만 명 직원들의 효율성과 행복을 증진시키는 데 공헌할 수 있다.

이러한 보텀업의 업무 방식은 실무자와 관리자 모두에게 긍정적인 영향을 미친다. 나 역시 그러했다. 실무자 시절에는 나의 아이디어가 제품화 또는 제도화되는 것을 보면서 '뭐든 내 손으로 할 수 있다'는 오너십을 가지게 됐고 '뭐든 가능하다'라는 적극적인 마인드를 유지할 수 있었다. 관리자가 되어서는 내가 미처 생각하지 못했던 부분들을 우리 팀이 창의적으로 생각해내고 성과로 연결하는 것을 보면서 서로 윈윈하는 관계를 이어나갈 수 있었다.

그럼 이제부터 보텀업 컬처가 어떻게 나를 비롯해 수많은 직원들을 매료시키고 제품과 회사를 성장시켰는지, 그리고 보텀업 업무 방식을 효과적으로 설계하고 활용하기 위한 팁은 무엇인지, 이와 관련해 내가 직접 경험한 현장의 이야기들을 하나하나 소개하겠다.

WHY

모든 문제를 기회로 바라보게 된다

문제를 해결하려면 관점을 바꿔 문제를 기회로 바라봐야 한다. 해결책을 찾으면 생활의 개선뿐 아니라 적절한 보상(좋은 평가 점수, 보너스, 승진 등) 또한 주어지니 모든 문제는 곧 기회와도 같다.

문제를 기회라는 프레임으로 다시 살펴보는 습관을 들이면 문제를 대하고 바라보는 관점도 더 긍정적으로 변할 수 있다. '미팅이나 회의를 어떻게 더 효율적으로 진행할 수 있을까', '신입사원에게 우리 팀의 기술을 어떻게 더 빨리 가르쳐줄 수 있을까', '베타테스트 과정을 단축하려면 무엇을 해야 할까' 등 어떤 문제가 발생했을 때 불평하는 데 그치지 않고 바로 해결책을 생각해보는 습관이 길러진다. 회사 생활의 불편함은 몸소 체험해본 직원들이 그 해결 욕구도 더 크기 마련이다. 그러므로 직원들이 직접 해결책을 생각해내는 것이 가장 효과적이다.

보텀업 컬처는 또한 문제 해결 능력의 근육을 키워준다. 앞서 언급했지만 메타에서는 문제를 제기할 때 반드시 해결책에 대한 생각도 같이 제시하도록 하는 문화가 있다. 이렇게 함으로써 모두에게 문제의 해결책을 생각해보고 제시해보는 근육을 길러주는 것이다. 문제 해결 능력은 회사 전체 업무의 질을 향상시킬 수 있는 중요한 요소이기 때문에 평소 이런 식으로 사고하는 훈련이 되면 회사 내 모든 업무에 도움이 될 수 있다.

효율적인 업무 진행이 가능해진다

프로젝트를 위해 수집한 데이티는 신더미인데 그 모든 것을 취합해 임원에게 불과 30분 또는 한 시간 만에 보고하고 승인을 받아야 하는 경험을 많이들 해보았을 것이다. 보텀업 컬처에서는 이러한 결정에 대한 승인 절차가 팀원과 임원 모두에게 비효율적이라고 판단한다. 그런 이유로 사전에 서로 합의한 기대치의 결과만 보장한다면 매일매일 이뤄지는 작은 결정들은 그 업무와 가장 가까운 사람에게 맡긴다. 그 대신 피드백을 공유할 수 있는 주기적인 논의 시간, 상사와의 일대일 미팅, 도움을 제때 요청하는 매니지업manage up(매니지업에 대한 자세한 설명은 4장 참조) 등을 통해 자연스럽게 중간 점검하는 시간을 갖는다.

제품의 질적 향상을 이루어낼 수 있다

리더 혼자가 아닌 팀 전체가 주도적으로 프로젝트를 맡으면 아이디어가 더 다양해질 수밖에 없다. 걸러지지 않은 참신한 아이디어들이 쏟아질 뿐만 아니라 그 과정 전체를 팀원들이 공유하기 때문에 제품의 아이디어적인 면과 디테일적인 면의 퀄리티를 함께 높일 수 있다.

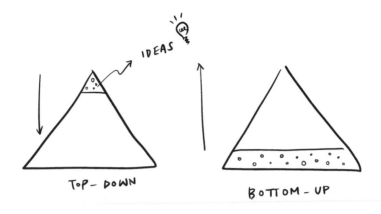

회사의 인재 확보에 도움이 된다

이렇게 상사의 지시 대신 팀의 자율성과 책임을 기반으로 일하는 보텀업 컬처는 회사생활에 대한 전반적인 만족도를 높이는 중요한 요소가 된다. 뿐만 아니라 실력 있는 인재들을 채용하는 데도 효과적이다. 메타만 해도 몸집이 큰 대기업이지만 스타트업의 업무 스타일을 유지한 덕분에 대기업과 스타트업의 혜택을 동시에 누릴 수 있었고 그것이 채용 시장에서 엄청난 경쟁력이 되었다. 최근 한국 회사들에 컨설팅을 하면서도 이러한 점이 미국뿐 아니라 한국에서도 큰 경쟁력이 된다는 점을 알게 되었다.

POTENTIAL PROBLEMS

조직의 비전은 반드시 톱다운으로 정해야 한다

앞에서도 잠깐 언급했지만 향후 5~10년 후의 회사의 정체성과 방향성에 대한 비전은 반드시 톱다운으로 그려져야 한다. 조직이 어디로 향해야 하는지가 명확하지 않으면 보텀업의 방향성이 제각기 다른 쪽을 향하게 되어 사람들의 에너지가 비효율적으로 쓰인다.

회사의 비전을 전체 구성원에게 알리고, 그에 맞춰 신중하게 조직 구조를 설계하고, 각 조직의 리더가 해당 사업 분야의 비전을 그려서 소통하는 것까지는 톱다운 방식으로 이루어져야 한다. 회사 전체의 비전과 각 사업 분야의 비전을 연결하고 구성원들과 소통이 끝난 후에야 보텀업 방식이 활성화될 수 있다. 단, 톱다운으로 이뤄지는 모든 결정 역시 직원들의 의견을 경청하고 피드백을 수렴하여 언제든지 바꿀 수 있다는 열린 태도로 이루어져야 한다.

메타는 초창기 페이스북이라는 소셜미디어 앱으로 시작했지만 점차 엔터테인먼트, 뉴스, 교육, 마켓플레이스 등 정말 다양한 기능이 있는 스위스 군용 칼 같은 앱으로 발전했다. 지금까지는 소비자의 목적에 따라, 그리고 직원들로부터 나오는 다양한 아이디어들을 구현하며 자연스럽게 보텀업 방식으로 성장하고 성공해왔다.

하지만 이제 페이스북 앱은 단순히 소셜미디어라고 단정 짓긴 어

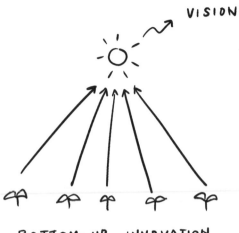

'톱다운'으로 해야 할 일	'보텀업'으로 해야 할 일
기업의 존재 이유(미션) 찾기	어떤 전략으로 미션을 달성할까?
비전 그리기	어떤 제품을 만들어서 비전을 달성할까?
조직 설계하기	제품을 만들 때 우리 팀의 구조를 어떻게 활용할까?
결과에 대한 기대치 정하고 합의하기	기대치에 비해 지금 우리 성과는 어떠한가? (피드백과 도움 요청)
조직 구조와 문화 설계하기	나와 내 팀이 조직문화를 최대한 활용하여 최고의 성과를 내고 있는가?

실리콘밸리에선 어떻게 일하나요

려운 정도의 규모로 성장했다. AI, AR, VR, 블록체인 등 새로운 테크놀로지를 다루게 되면서 새로운 제품 방향성도 고려해야 하고, 그만큼 사생활 보호와 윤리, 사이버 보안 등의 리스크도 미리 생각하며 전략을 세워야 하는 단계가 되었다. 더 나아가 메타는 인스타그램, 오큘러스Oculus, 왓츠앱WhatsApp 등을 인수함으로써 모든 제품들의 생태계를 통틀어 생각해봐야 하는 상황에 놓이게 됐다. 앞으로의 비전을 진지하게 다시 그려봐야 하는 시점이 온 것이다. 그래서 최근 메타에서는 보텀업 컬처는 그대로 유지하되, 사전에 조직의 비전을 더 뚜렷하게 그려가야 하는 일의 중요성을 느끼며 톱다운과 보텀업의 적절한 하이브리드 구조를 고민하는 중이다.

TIPS

모든 결정은 데이터를 기반으로 한다

보텀업 컬처가 자리 잡으려면 데이터에 기반한Data-informed 업무 습관이 뒷받침되어야 한다. 아이디어를 발전시킬지 혹은 접을지, 업무 과정에서 일어나는 대부분의 의사결정을 데이터를 통해 내리기 때문이다. 아이디어를 낸 사람의 경력과 직책에 관계없이 데이터의 신빙성을 기반으로 결정하는 것이야말로 보텀업의 중요한 원칙 중 하나다.

여기서 꼭 짚고 넘어가야 할 것이 데이터를 단지 '숫자'라고 오해해선 안 된다는 점이다. 데이터는 시장 데이터market insights, 다양한 형태의 실험을 통한 가설 증명usable data, 그리고 사람들의 반응과 감정을 측정할 수 있는 질적 데이터qualitative data까지 모든 것을 포함하는 용어다. 팀은 이렇게 이미 알고 있는known 수집 가능한 데이터와 실험 등을 통해 찾아야 하는unknown 데이터를 분류해 프로젝트에 대한 확신을 조금씩 높여가야 한다. 즉, 기존 리서치 데이터 확보하기, 가설 세우기, 가설을 증명할 베타테스트(실험) 내용 옵션 설계하기, 시제품 론칭하기 등 다양한 데이터를 수집하는 데 필요한 일을 해야 한다.

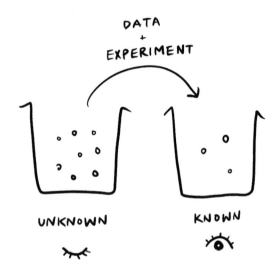

실리콘밸리에선 어떻게 일하나요

보통 프로젝트 시작 시, 그 성공률을 측정하는 데 어느 정도의 가설 증명이 필요한지 미리 기대치를 정해놓고 그것을 목표로 잡는다. 만약 진행하는 중간에 그 기본 가설이 증명되지 않는다면 과감히 프로젝트를 접어야 한다.

서로 합의한 임팩트를 계속 확인하며 업무를 진행한다

프로젝트를 작은 규모로 시작해 빠르게 키워나가다 보면 그 과정에서 최종 목적지나 프로젝트의 존재 이유를 잊어버리기 십상이다. 그래서 프로젝트에 관한 소통은 가급적 행위action보다는 결과impact에 초점을 맞춰야 한다. 다시 말해 결과에 대한 기대치를 끊임없이 상기시키면서 결정을 내려야 한다. 예를 들면 '우리 팀은 ○○라는 일을 할 것이다' 대신 '○○를 하여 △△라는 결과를 가져오도록 한다'라고 소통하는 것이다. 그래야 어떤 일에 필요 이상으로 집중하거나 딴 길로 새 비효율적인 선택을 하게 되는 불상사를 막을 수 있다. 결과가 얼마나 가치 있는 일인지에 대한 합의가 먼저 이루어지면 자연스럽게 행위는 결과를 이루기 위한 수단이 되고 당연히 어떤 일을 할지에 대한 결정도 더 쉬워진다.

장애물을 예측하고 도움을 청할 수 있는 환경을 만든다

실무자들이 주도하는 보텀업 컬처에서 결과에 대한 리스크를 줄이기 위해 중요한 것이 하나 있다. 바로 리더가 '너의 힘으로 모든 것을 해결하라'는 메시지가 아닌 '너에게는 장애물blocker을 예측하고 도움을 요청할 책임이 있다'라는 메시지를 강조해야 한다는 점이다. 장애물 혹은 걸림돌을 뜻하는 'blocker'는 실리콘밸리에서 매우 자주 쓰이는 표현인데, 주로 자신의 권한과 통제 밖에서 문제가 생겨 다음 단계로 나아갈 수 없을 때 쓰인다. 이처럼 팀이 스스로 장애물을 미리 예측하고 적절한 도움을 요청하는 것도 실무자에게 책임을 주는 보딤업 컬처의 중요한 원칙이다.

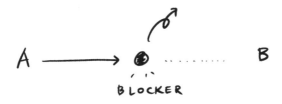

실리콘밸리에선 어떻게 일하나요

B: "이 업무는 그 파일이 없어서 현재 진행할 수 없는 상태다. 업무 진전을
위해선 그 파일이 필요하다."

'피해자' 혹은 '가해자'의 프레임을 버리고 객관적으로 해당 업무를 성공시키
는 데 필요한 것이 무엇인지를 뚜렷하게 전달하자. 그래야 듣는 사람도 자
신이 어떤 행동을 취해야 하는지 분명히 알 수 있다.

성장 마인드셋과 학습 목표

어떤 일에서든 실수나 실패가 발생하는 건 어쩔 수 없다. 특히 경
험이 다소 적은 팀과 팀원들이 보텀업 방식으로 일을 하면 회사나
함께 일하는 사람들이 불안함을 느낄 수도 있다. 그래서 더더욱 실
패를 정상적인 과정으로 받아들이고, 계속해서 고민하고 시도할 수
있는 환경을 조성하는 것이 매우 중요하다. 이른바 '성장 마인드셋
growth mindset' 문화를 만드는 것이다.

예컨대 새로운 프로젝트를 계획할 때 정량적인 성과 지표metric뿐
만 아니라 학습 목표learning goal를 세운다. 그리고 결과가 실패로 끝났
더라도 초기에 의도한 것을 배우게 되면(즉, 학습 목표를 달성하면) 성공
이라 판단한다. 실제로도 이러한 지식 하나하나들이 모여 훗날 유사
한 프로젝트를 진행할 때나 회사가 전략을 세울 때 도움이 된다. 실
패가 아닌 상당히 가치 있는 공헌인 셈이다. 이처럼 실패를 통한 배

움으로 인해 '성장했다'고 여기는 개념이 바로 '성장 마인드셋'이다.

질문을 던져 주도적으로 일할 수 있도록 한다

신입사원이나 이러한 주도적인 문화가 익숙지 않은 팀원들에겐 보텀업 방식으로 일할 수 있는 적응 시간이 필요하다. 물론 적응을 하고 나서도 보텀업으로 어려운 일과 그 결과에 대한 책임을 온전히 떠맡는다는 것은 조금 무서운 일일 수도 있다. 그러므로 상사는 팀원에게 끊임없이 피드백을 제공하며 주도적으로 일해나갈 수 있도록 '업무 근육'을 키워줘야 한다(메타에서는 매주 상사와 30분 정도 일대일 미팅이 이뤄진다. 필요에 따라 늘릴 수도 있지만 줄이는 경우는 거의 없다). 이에 효과적인 방법 중 하나가 바로 '요술봉 질문'이다. 상사가 부하직원에게 "당신에게 이 세상 무엇이든 가능하게 할 수 있는 요술봉이 있다면 어떤 결정을 내리겠습니까?"라고 묻는 것이다. 이러한 질문을 통해 어떤 제한도 두지 않은 상태에서 최상의 솔루션을 생각해보게 하고 주도적으로 길을 개척해나가도록 응원해줄 수 있다.

의욕과 책임감이 강한 직원을 뽑는다

실무자가 주도권을 많이 잡고 일하는 문화일수록 실력과 책임감이 강한 직원을 고용하는 것이 중요하다. 조직이 어느 정도 성장하면 직급이 골고루 분배가 되어야겠지만, 팀을 초기에 구축하는 단계라면 책임감이 강하고 경력이 있는 시니어 직급을 먼저 고용한다. 그들에게 어려운 전략을 맡기고 이후 그 일을 도울 직원들을 뽑는 것이 좋다. 시니어 직원들이 주도적이고 책임감 있는 보텀업 업무 방식을 몸소 실천할 때 조직 전체에 걸쳐 좋은 문화를 전파하고 유지하는 일이 쉬워진다(이런 직원들을 채용할 때 도움이 될 만한 인터뷰 질문들을 7장에서 소개한다.)

STORIES

신입사원의 아이디로 탄생한 '텍스트 필터' 기능

2015년, 나는 뉴스피드에 일상생활을 가족과 친구들에게 쉽게 공유할 수 있도록 게시물의 종류와 형태를 디자인하고 출시하는 '공유 팀'의 디자이너로 합류했다. 당시 우리 팀의 목표는 측정 가능한 지표quantified metric 관점에서는 뉴스피드상의 게시물 증가였고, 질적 지표human-centric values 관점에서는 게시물 증가에 따른 장애물 제거(문제 해결 관점)와 목적 달성의 수월함(가치 부여 관점)이었다. 팀의 목표에 맞춰 나는 디자이너로서 사용자들의 행위를 관찰하면서 그들이 어떤 부분에서 불편을 느끼는지, 어떻게 하면 더 쉽고 수월한 경험을 설계할지를 목표로 삼았다.

아이디어 구상을 위해 기존의 리서치 데이터를 수집하는 동시에 주변 사람들의 행동을 한창 관찰하고 있을 때였다. 어느 날 인스타그램과 페이스북 뉴스피드에 점점 더 자주 보이기 시작하는 게시글의 형태를 발견했다. 사람들이 그냥 뉴스피드에 글을 쓰지 않고 트위터에 먼저 올린 다음에 그것을 스크린샷으로 찍은 뒤 그 이미지를 페이스북에 올리는 것이었다. 이미지 속 트위터 글씨는 페이스북 게시물의 글씨보다 훨씬 더 크게 확대되어 있었고, 흰색 바탕의 스크린샷이 통째로 올라가다 보니 뭔가 배너 광고처럼 보이기도 했다.

나는 사용자들의 이런 행동을 하는 이유가 궁금하여 이와 관련된 여러 자료를 수집하기 시작했고, 몇 가지 눈에 띄는 사실들을 발견할 수 있었다. 먼저 글 게시물text sharing의 꾸준한 감소 추세였다. 이에 반해 사진 게시물image sharing은 계속 증가하고 있었다.

페이스북 초기엔 마치 일기장처럼 자기 생각을 솔직하게 끄적거리는 게시물이 많았다. 그런데 이런 게시글이 줄어들게 된 이유는 무엇일까? 바로 '남들의 시선'이었다. 지난 10년간 뉴스피드도 생기고, 친구 수도 점점 많아지고, 인스타그램처럼 사진을 예쁘게 만들어주는 사진 필터 앱들이 많이 생기면서 게시글을 올릴 때도 내가 어떻게 보일지를 신경 쓰게 된 것이다. 남의 시선이 신경 쓰이니 콘텐츠를 올리는 기준도 높아질 수밖에 없었다. 뉴스피드는 점점 멋진 사진들로만 가득한 공간이 되어버렸고 일기 같은 소소한 글로만 이루어진 게시물들은 그에 비해 하찮다는 생각에 점점 감소하고 있다는 기사와 연구 결과도 보였다.

나는 이것이 최근 많이 본 트위터 스크린샷, 즉 큰 글씨체 트렌드의 이유일지도 모른다는 가설을 세우게 되었다. 사람들은 자신의 생각이 담긴 '일반적인 텍스트' 게시물이 어딘가 초라해 보인다고 생각한다. 그래서 사진에 필터를 입히듯, 글에 필터를 입혀서 공유의 타당성을 높이고 싶은 것이 아닐까? 나는 이러한 내 가설을 증명하고자 테스트 디자인을 해보기로 했다. 다음과 같은 테스트를 설계해 사용자들에게서 행동 변화가 생기는지 지켜보기로 했다.

- **문제 원인의 가설** 사람들은 소소한 짧은 글을 공유하는 데 자신감이 떨어졌다.
- **해결책의 가설** 글 게시물을 꾸며줄 필터가 게시물 공유에 대한 자신감을 높여줄 것이다.
- **가설 증명을 위한 테스트 디자인** 작고 빨리 개발할 수 있는 필터를 제작하여 텍스트 게시물이 증가하는지 알아본다.

이 가설이 맞다면 우리 팀은 '텍스트 필터text filtering' 기능을 만들어야 했다. 하지만 처음부터 이러한 기능을 만들겠다고 하면 당연히 데이터부터 가져오라고 할 것이 뻔했기 때문에 이것을 증명할 수 있는 데이터를 먼저 수집해야만 했다. 그래서 우리 팀의 개발자들에게 임팩트 위주의 스토리텔링으로 이 작업의 필요성을 설득시켰고, 그에 필요한 가설learning goal과 가장 작은 규모의 첫 테스트 디자인도 함께 제시했다. 몇 시간도 안 걸리는 너무 작은 규모의 테스트여서 그랬는지 엔지니어 리드engineer lead가 쉽게 동의했고 바로 테스트가 시작되었다.

가장 첫 번째 테스트는 단순히 글씨체만 키우는 것이었다. 글자 수에 따라 크기를 자동 조절하는 방식으로, 가장 큰 글씨로 시작해 글자 수가 많아질수록 글자 크기도 저절로 줄어들도록 설계했다. 또한 유저들의 게시물 공유 의도에 반영되는지 알아보기 위해 큰 글자 크기의 필터가 입혀진 자신의 게시물을 미리보기로 볼 수 있도록 했다. 이런 로직을 반영해 만들어진 게시물들은 내가 보았던 그 트위터 스크린샷들과 유사해 보였다.

이 기능을 페이스북 사용자 가운데 소수의 그룹에게 먼저 제공해 보았다. 즉시 큰 변화가 포착됐다. 게시물에 대한 반응, 즉 '좋아요'와 댓글의 수가 눈에 띄게 증가했고 피드백이 증가함에 따라 텍스트 게시물의 수도 증가하기 시작했다.

이 같은 데이터에 대한 확신을 더 키우기 위해 나는 테스트의 범위를 조금씩 늘리기 시작했다. 샘플 사용자 수도 늘리고, 글자 크기 숫자도 바꿔보고, 나중엔 배경 색깔도 넣어봤다. 결국 거의 두 달 만에 여러 테스트를 통해 가설 증명에 성공할 수 있었다. 결과가 수치로 나오기 시작하자 우리 공유팀 조직 전체가 점점 관심을 보이기 시작했고, 결국 '텍스트 필터' 기능이 공식 피처feature로 로드맵에 오르게 되었다.

이는 끝이 아닌 새로운 시작을 가져왔다. 단순한 가설로 시작된 아이디어가 공유팀과 뉴스피드팀이 공동으로 작업하는 공식 프로젝트로 이어진 것이다. 놀랍게도 내가 공유팀에 있으면서 약 2년간 진행했던 모든 프로젝트를 합쳐서 이 프로젝트의 성과가 가장 좋았다. 출시 후 그 해 이 제품의 KPI는 조직 전체 목표의 50%를 차지할 정도로 큰 성과가 있었다. 그리고 여러모로 회사 내에서 보텀업 프로젝트의 좋은 사례로 인정받았다. 여기서 내가 강조하고 싶은 메시지를 정리하면 다음과 같다.

1 **성장 마인드셋** 입사한 지 몇 달 안 된 신입사원인 나에게 이런 기회가 주어질 수 있었던 것은 회사가 가진 성장 마인드셋 덕분이었다. '이번 상반기에 ○○ 프로덕트를 론칭하겠다'는 목표도 좋지만 나는 '상반기엔 가설 세팅과 증명에 대해 배우는 걸 목표로 하겠어'라고 정했고, 이렇게 나의 팀의 목표와 내 커리어 목표를 바꾸니 '배움'에 집중할 수 있었다. 앞서 예로 든 테스트 결과 만약 가설이 틀렸더라도 배움 자체가 목표였기 때문에 그걸 달성한 우리 팀과 나는 높은 성과를 인정받았을 것이다. 이렇게 잃을 게 없는 환경에서는 신입사원도 더 쉽게 도

전할 수 있다.

2 **데이터 기반의 접근 방식** 결과적으로 텍스트를 꾸미는 필터 기능이 탄생했다. 흥미로운 사실은 과거 이와 비슷한 아이디어가 이미 나 말고도 다른 디자이너들을 통해 몇 번 언급되고 시도됐다는 점이다. 나도 나중에 들은 이야기다. 하지만 그 아이디어를 제시했던 디자이너들은 바로 앱스토어에 출시해도 될 정도의 높은 퀄리티의 프로토타입을 선보이며 사람들의 마음을 사로잡으려 했다. 문제 접근법 자체가 달랐던 것이다. 아무리 같은 결과물을 상상해도 그에 접근하는 보텀업의 방법(가설 내용, 테스트 디자인, 팀을 설득하는 스토리텔링)에 따라 프로젝트의 방향과 성공률이 달라질 수 있음을 나는 이 일을 통해 배웠다.

마지막으로 나는 이 모든 과정을 즐겼다. 매순간 배움이 즐거웠기 때문이다. 앞에서도 언급했지만 메타는 데이터만 있다면 경력과 배경을 불문하고 어떤 아이디어도 실현될 수 있는 곳이다. 이제 막 팀에 합류한 나의 목소리도 똑같이 존중되는 메타의 문화가 나의 가치관과 잘 맞아떨어졌다고 생각한다. 이 프로젝트 이후로도 나는 계속해서 이 방식대로 회사생활을 했다. 또한 팀을 운영하는 관리자가 되어서는 이 문화를 제대로 즐기고 활용할 디자이너들을 고용하고자 노력했다.

불가능을 가능으로 바꾼 질문 한마디

2015~2017년 사이 잠시 반짝하며 우리 곁을 스쳐간 사진 공유 앱이 있다. 메타의 최고 프로덕트 조직Chief of Product 아래의 크리에이티브 랩Creative Lab에서 기획된 앱으로, 출시 이후 2년을 버티며 한때 앱스토어의 사진과 비디오 부문에서 1위를 한 적도 있는 앱이다. 이 앱의 1호 디자이너가 다른 중요한 업무를 맡게 되어 내가 새로운 디자인 리드로 합류하게 되었다.

이 앱은 친구들과 시간을 제일 자주 보내는 대학생과 고등학생들을 위한 앱으로 브랜딩도 거기에 맞추어서 출시했다. 하지만 1년이

지나고 나서 앱의 사용자 데이터를 분석해보니 그 앱을 생각보다 자주 그리고 오래 반복해서 쓰는 연령층은 우리의 기대와 사뭇 다르다는 점이 드러났다. 그 데이터를 본 후 우리는 몇 가지 가설을 가지고 사용자 인터뷰를 진행했다. 앱 성장 전략을 제대로 세우기 위해 사용자들이 우리 앱을 반복적으로 사용하는 이유와 사용자들이 우리 앱을 떠나는 이유를 이해할 필요가 있었다. 조사 결과 이 앱을 가장 자주 사용하는 사람은 학생들이 아닌 가족들과 사진을 공유하는 젊은 부모들이었다. 페이스북에 공개적으로 올리기엔 조금 사적인 콘텐츠라서 이렇게 가족과 공유할 수 있는 개인 사진 공유 앱이 적합했던 것이다.

분명한 데이터가 나오면서 앞으로의 전략과 방향이 분명해졌다. 바로 소그룹 단위의 공유 앱을 만드는 것이었다. 사람들이 반복해서 사용하는 용도와 이유를 파악했으니 그 행동이 더 쉽게 이루어질 수 있도록 징검다리 디자인을 해줘야 했다. 하지만 당시 그 앱은 처음 디자인한 용도와 실제 용도 사이의 차이가 커서 방향을 바꾸는 데 상당한 투자가 필요했다.

게다가 메타는 애자일 방식으로 베타테스트를 거쳐 완성도를 높여가는 방식을 선호한다. 나는 이렇게 완전히 전략을 바꿔 다른 앱으로 전환하는 게 과연 가능할지 고민이 되었다. 그렇게 머리를 싸매다 결국 일대일 미팅 시간에 팀장에게 해당 프로젝트의 향후 전략에 대해 물었다. 나는 고민거리를 솔직하게 털어놓았다. 그러자 팀장은 다음과 같이 말했다.

"만약 당신에게 요술봉이 있다면 어떤 결정을 내리겠습니까?"

갑작스런 질문에 조금 망설이다가 대답했다. 일단 내가 평소에 생각했던 앱의 새로운 비전을 그리고 리더를 설득한 후, 이를 실행하기 위해 필요한 디자인 인력과 엔지니어 인력을 요구할 것이라고 말이다. 그 말에 팀장이 또 물었다.

"혹시 지금 말한 내용을 발표할 수 있도록 내일까지 준비할 수 있을까요?"

두 번째 질문은 첫 번째 질문보다 더 당황스러웠지만 못하겠다고 말할 수는 없었다. 나는 "글쎄, 해볼게요."라는 말을 남기고 바로 프레젠테이션을 준비했고 그날 밤 10시쯤 발표 내용을 팀장한테 보냈다. 바로 다음 날 팀장은 피드백과 함께 우리 부서의 모든 디렉터들과 부사장들 앞에서 아이디어를 발표할 자리를 마련해주었다.

얼떨결에 내뱉은 대답 한마디에 불가능할 것만 같았던 비전 콘셉트를 머릿속에서 끄집어내어 스크린에 그려보았을 뿐 아니라 단 하루만에 부서 디렉터들을 직접 마주보고 발표도 하게 된 것이다. 그날 나의 프레젠테이션으로 디렉터들은 진지하게 이 앱의 미래에 대해 생각하게 되었다. 이 경험으로 나는 또 한 번 메타가 가진 보텀업 컬처의 힘을 체감했다. 좋은 아이디어는 어디서든 나오고 그렇기 때문에 메타의 리더들은 모두의 아이디어를 궁금해한다. 다만 많은 직원들이 용기를 내지 못할 뿐이다. 이럴 때 팀장의 '요술봉' 질문 한마디가 불가능해 보였던 것들을 현실로 바꿔줄 수 있다.

나 역시 팀장이 된 후 이 질문을 꽤 많이 썼다. 디자인 콘셉트뿐만 아니라 커리어 상담에도 자주 사용해서 '이 세상 모든 것이 가능하다면 어떤 일을 하고 싶은지'를 그려보도록 했다. 리더의 지시와 방향을 기다리는 데 익숙해져 있는 새로운 팀원들에게 이 질문을 던지면 처음엔 그날의 나처럼 눈이 휘둥그레지며 당황하겠지만 결국엔 자신의 생각을 잘 정리해서 가져온다.

이 질문을 던지는 목적은 요술봉처럼 모든 것을 이뤄주기 위함이 아니다. 그보다는 '기회'를 마련해줌으로써 직원들이 완성된 시나리오perfect scenario를 떠올리고, 이를 리더와 공유할 수 있는 환경을 조성하기 위함이다. 그 아이디어들을 생각해서 스토리를 만들어내는 과정을 통해 직원들은 한층 더 성장하며 앞으로 나아간다. 자신의 아이디어를 머릿속에서 끄집어내어 공유함으로써 어떤 결과가 나오든 만족하고 행복해한다. 나는 이 시나리오를 놓고 직원들과 솔직한 대화를 나누면서 그들의 실력과 가치관에 대해 더 잘 알게 되었고 그 과정에서 정말 생각지도 못한 신선한 아이디어를 발굴해내기도 했다.

Author's Note 이 프로젝트의 결과가 궁금하다면?

결국 이 앱은 '가지치기' 과정에서(가지치기에 대해서는 3장에서 더 자세히 설명하겠다) 메타의 전략상 다른 제품에 비해 그 중요도가 더 낮다고 판단되어 보류 결정이 내려졌다. 모든 팀원들은 우선순위가 높았던 다른 프로젝트 팀으로 이전되었다. 당시엔 조금 서운했지만 시간이 지나고 나서는 그런 엄격한 가지치기의 순기능에 대해 잘 알게 되었기에 받아들일 수 있었다. 이때 가지치기 과정을 통해 선정되고 살아남았던 프로젝트는 지금 페이스북과 인스타그램에서 가장 흔히 쓰이는 기능 중 하나인 '스토리'가 되었다.

실리콘밸리에선 어떻게 일하나요

보텀업으로 해결하지 못할 문제는 없다

앞에서 언급한 바와 같이 보텀업은 제품 디자인뿐 아니라 회사 내 제도나 프로그램의 문제들을 해결하는 데도 적용된다. 메타에 다니면서 장거리 통근 불편 개선 프로그램, 여성 디자이너 커뮤니티 홍보를 위한 브랜딩 시스템, 새로운 신입 디자이너들의 오리엔테이션 디자인 등 여러 종류의 프로그램을 디자인하고 확장시키는 경험을 했는데 그중 한 가지 에피소드를 소개하려 한다.

메타가 빠른 속도로 성장하면서 새로 출시되는 제품들이 많아지고 출시 속도도 그만큼 빨라졌다. 2018년 어느 날, 회사의 최고제품책임자Cheif Product Officer, CPO가 발전 속도가 빨라짐에 따라 놓치기 쉬운 세부 요소(UX 디테일, 중복성이나 디자인 패턴 따르기 등)의 중요성을 강조하며 이에 대한 개선을 요구했다. 늘 그랬듯 비전이 잡혀지고 난 후 그것을 달성하는 방법은 팀원들 스스로 구상해야 했다. 모두 자기 분야에서 각자 세부 퀄리티를 개선하는 법에 대해 고민하고 해결책을 내기 시작했다. 우리 디자인팀도 회의를 통해 '어떻게 하면 우리가 디자인하는 제품들의 퀄리티를 보장할 수 있을까'에 대해 여러 아이디어들을 제안했다. 발상을 뒤집어 '우리 제품 퀄리티를 높이는 데 방해가 되는 요인은 무엇일까'를 생각해보기도 했다.

그때 디자이너들이 공통적으로 호소하는 불평 사항 하나가 눈에 들어왔다. 우리가 사용하는 대부분의 앱에는 직원이 코딩 실수나 문제점 등을 발견했을 때 이를 신고할 수 있는 기능이 있는데, 그걸 버그 리포트**bug report**라고 한다. 신고 내용들은 해결해야 할 업무, 즉 태스크**task**로 자동 전환되어 회사 내의 엔지니어들에게 전달된다. 그러면 엔지니어들은 이 태스크 리스트를 보며 중요도가 높은 것부터 낮은 순서로 하나씩 버그를 수정한다. 이는 원래 해야 하는 새로운 제품 및 서비스를 만드는 업무 외에 부가적으로 해야 하는 일이라 직원들은 여기에 많은 시간을 들일 수가 없었다.

디자이너들이 문제로 지적한 점은 바로 이것이었다. 기본적인 실행에 영향을 주는 문제들을 우선적으로 해결하다 보니 길고 긴 태스크 리스트에서 상대적으로 덜 심각한 디자인 UX 문제들은 우선순위에서 늘 밀려난다는 것이었다. 하지만 이제는 디자인 UX도 중요도가 낮은 문제로 취급하지 않겠다는 것이 CPO의 각오였다. 그것을 직원 전체의 참여와 행동 변화로 이끌 제도가 아직 만들어지지 않은 것이 문제였다.

이 문제의 근원을 알게 된 후 나는 예전부터 이 문제에 관심이 많고 해결책을 찾고 싶어 했던 우리 팀의 엔지니어 한 명과 이야기를 나누었다. 그 후 기존의 버그 리포트의 과정에 한 단계를 더 추가하기로 했다. #sux라는 해시태그를 넣어 이 태스크들만 따로 모아 볼 수 있으며 디자이너들이 퀄리티의 심각성에 따라 우선순위를 높일 수 있도록 한 것이다. 그 해시태그가 담긴 태스크들은 디자이너들에게 바로 전달되어 심각성의 우선순위(high, med, low)를 그 자리에서 표기할 수 있도록 했다. 이렇게 하여 디자인에 관련된 문제들이 태스크 리스트의 밑바닥에서 먼지만 쌓이는 것이 아니라 조금 더 빨리

실리콘밸리에선 어떻게 일하나요

엔지니어들에게 전달될 수 있도록 제도를 개선했다. 이 제도를 위해서 심각성의 3단계, 높음, 중간, 낮음을 각각 정의하고 문서화해 이 기준에 따라 디자이너들을 훈련시켰다. 이렇게 검색팀에서 시작된 이 프로그램이 결국엔 다른 팀들에게도 전파되어 널리 퍼져 나갔다.

메타에선 이런 식의 사례가 정말 많다. 조직의 리더가 앞으로 개선되어야 할 심각한 문제들과 도달해야 할 목적지를 정의하고 나면 거기에 어떻게 도달할지에 대해선 업무를 실질적으로 담당하는 현장의 직원들에게 전적으로 맡겼다. 그렇게 업무와 가장 밀접하게 연관된 사람들의 의견을 통해 아이디어와 해결책이 제시되면 그것이 한 조직, 두 조직으로 퍼지고 나아가 더 확장되면서 회사 전체의 제도로 자리 잡았다.

사실 이 #sux 제도 도입 당시 나의 공식적인 직책은 '프로덕트 디자인 팀장'이었고 직원들의 업무 개선을 위해 프로그램을 개발하는 것은 나의 주 업무는 아니었다. 단지 사용자들과 디자이너들이 경험하는 이 불편한 문제점의 패턴을 고치고 싶은 마음이 강했던 한 직원이었을 뿐이다. 이러한 프로그램 디자인이 가져오는 임팩트는 엄청나다. 초기부터 체계적으로 여러 제품들의 문제를 해결하는 것이 나중에 문제들이 생기고 나서 각자 해결하려고 하는 것보다 훨씬 효율적이기 때문이다. 그런 이유로 메타에서는 이러한 프로그램 디자인 개발도 외부 사용자들에게 론칭하는 제품의 실적만큼이나 큰 임팩트로 취급한다. 이런 식으로 계속해서 직원들에게 회사 내 문제들을 능동적으로 해결할 수 있는 환경과 동기를 부여한다.

이외에도 주변 동료들이 주최한 프로그램에 기여한 사례는 수없이 많다. 여성 디자이너 커뮤니티도 나의 동료 디자이너의 아이디어로 시작된 것이다. 몇 년 후 몇백 명의 디자이너들이 모여 정보 교환하는 커뮤니티로 성장해 나 역시 그 커뮤니티 덕을 쏠쏠히 보았다. 또 하나의 예는 출퇴근 시간에 느끼는 스트레스에 대한 설문 결과를 보고 그에 대한 개선 프로그램을 직접 디자인하여 론칭한 경험이다. 이 통근 개선 프로그램도 처음엔 내가 운영하는 팀에서만 시작했지만 이후 주변 팀 세 개로 확장되었고 나중엔 메타의 디자인 조직 전체로 확장되었다.

팀장의 위치에 오른 뒤 디자이너들이 우리 팀에 필요한 개선점들에 대해 의견을 말할 때면 나는 이렇게 대답하곤 한다. "피드백을 줘서 너무 고맙고 나 역시 공감하고 있어요. 근데 혹시 해결책에 대해서도 생각해봤을까요?" 또는 "우리 팀에선 어떤 식의 해결책을 시도해보면 좋을까요?"라고 역으로 질문한다. 문제점 제시와 함께 해결책도 같이 생각해볼 수 있는 사고를 길러주기 위해서다. 이러면서 피드백을 준 디자이너들이 직접 해결책에 대한 프로그램도 디자인하고 운영하며 팀 전체가 이득을 보는 일을 많이 생기곤 했다.

이러한 보텀업 컬처에서 비롯된 여러 사례들이 회사 전체에 하나 둘씩 쌓이면서 메타는 빠른 성장과 퀄리티 보장을 동시에 이루어낼 수 있었다(늘 갈 길은 멀지만!).

Author's Note **#sux에 담긴 뜻이 궁금하다면?**

sux에는 두 가지 뜻이 함께 담겨 있다. 'sucks(구리다)'의 줄임말인 동시에 검색 디자인 UX 팀에서 시작되었기 때문에 Search(검색)의 'S', UX의 'UX'를 합쳐 #sux가 탄생됐다. 짧고도 우스운 의미가 담긴 이 이름의 인기가 나쁘지 않았다.

FEEDBACK CULTURE

망하는 회사의 공통점은
직원들의 피드백이 없었다는 것

WHAT

이번 장의 제목은 메타의 COO였던 셰릴 샌드버그가 매년 회사의 전체 팀장들을 대상으로 진행하는 리더십 강의에서 했던 말이다. 문제점들을 발견하고도 침묵하는 직원들이 하나둘씩 생겨나기 시작하면 제아무리 대단한 회사도 무너질 수 있을 만큼 피드백 컬처는 회사의 존폐를 결정짓는 매우 중요한 요소다. 그리고 피드백의 중요성을 알고도 과거 그 많은 회사가 사라진 것은 그만큼 솔직한 피드백 컬처를 조성하는 것이 어렵기 때문이라고 했다.

그런 이유로 메타는 피드백 컬처를 유지하기 위해 엄청난 노력을 기울였다. 제일 먼저 회사가 직접 시범을 보였다. '모든 생각과 사상은 일단 논의되어야만 발전한다'는 철학을 기반으로 페이스북 앱을 사용하는 모든 유저들에게는 자유로운 발언권free speech policy을 제공했고, 회사 내부에는 열린 문화와 피드백 컬처를 조성하여 조직 안팎에서 한결같이 철학을 관철하려 했다. 매주 열리는 저커버그와의 Q&A 세션이 그 대표적인 예다. Q&A를 통해 저커버그는 회사의 거의 모든 결정들을 투명하게 공개하고 매번 피드백을 수집하여 회사와 직원들 사이의 소통을 원활히 하고자 했다. 이 밖에도 사내의 다양한 소통 제도와 사례를 이번 장에서 차차 소개할 예정이다.

회사의 생존과도 직결될 정도로 중요한 이러한 피드백 컬처는 사실 직원의 입장에서도 매우 중요하다. 직원들은 하루 중 대부분의 시간을 보내는 조직의 가치관과 자신의 가치관이 서로 일치하길 원한다. 그러려면 반대 의견도 거리낌없이 표출될 수 있어야 한다. 토론을 거치며 상대를 설득하거나 또는 설득되는 과정이 있어야 그 가치관을 일치시킬 수 있는 여지가 생기기 때문이다. 지원과 지원 간의 의견 차이도 마찬가지다. 배경과 관점이 전혀 다른 사람들이 처음부터 완벽하게 협업하기란 거의 불가능하다. 이때 협업의 가능성을 높이는 것이 바로 피드백 컬처다. 과정은 다소 어렵지만 모두에게 이상적인 결과를 가져오는 것을 나는 수도 없이 목격했다.

무언가 잘못됐다면 잘못됐다고, 또 좋으면 좋다고 말할 수 있다는 이 자율적인 조직의 분위기가 내 개인의 가치관과도 참 잘 맞았다. 나는 원래 생각을 솔직하게 표현하는 것을 원칙으로 삼고 사람들과의 진정성 있는 관계를 추구하는데, 그것이 조직문화와 충돌하였다면 절대 메타에 오래 남을 수는 없었을 것이다. 나처럼 이러한 문화를 좋아하고 건설적으로 활용하는 사람들이 이 조직에 남아 있었기에 그들과 함께 자랑스러운 성취를 이루어내며 많은 인연을 만들어갈 수 있었다.

메타의 피드백 컬처는 내가 면접을 봤던 날부터 퇴사하던 마지막 날까지 뼈저리게 느끼고 경험했을 정도로 회사 곳곳에 그 문화가 살아 숨 쉰다. 이제부터 그 예들을 하나씩 살펴보도록 하자.

피드백 종류와 목적

모든 업무는 늘 '기대치'에서 시작하고 '결과'라는 목적지까지 수 없이 많은 피드백으로 채워져 나간다. 피드백 컬처는 아래와 같이 360도로 모든 방향과 형태의 피드백이 원활하게 이루어지는 문화를 뜻한다.

- **직원과 회사**Company 방향성, 전략, 제도, 회사생활의 만족도
- **직원과 제품**Product 제품의 방향성과 퀄리티
- **직원과 직원**People 서로 간의 협업, 개인의 성장과 성과
  - 상사를 향한upward 피드백
  - 부하직원을 향한downward 피드백
  - 동료를 향한peer-to-peer 피드백

피드백의 궁극적인 목적은 단순히 문제점을 제기하는 데 그치지 않고(회사건, 제품이건, 사람이건) 어떻게 하면 더 큰 임팩트를 달성할 수 있는지에 대한 '제안'을 하는 것이다. 그래서 메타에서는 약점weakness이라는 말을 쓰지 않고 대신 성장 영역growth area이라는 말을 써서 모든 피드백을 성장의 기회와 수단이라고 여긴다.

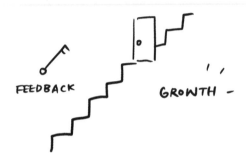

좋은 피드백의 다섯 가지 원칙

피드백 컬처가 활성화되었다는 말은 앞에서 언급한 모든 종류의 피드백이 다음과 같은 원칙으로 공유됐음을 의미한다.

- **투명성**Transparent 내용에 솔직함과 진정성이 있다.
- **시의성**Timely 너무 오래 기다리지 않고(기억이 생생할 때) 전달한다.

- **공정성**Fair 편견 없이 공정하다.
- **친절함**Kind 상대방을 배려하고자 하는 의도가 깔려 있다.
- **실행가능성**Actionable 문제점뿐 아니라 해결에 대한 제안이 함께 담겨 있다.

이 요소들 중 하나라도 빠지면 이상적인 피드백 컬처를 이뤄낼 수 없다는 점을 기억하자. 아무리 솔직하고 투명한 피드백이라도 친절함이 빠지면 피드백 받는 상대방이 받아들이기 힘들 수 있다. 피드백이 아무리 투명하고 친절해도 시기를 놓치면 듣는 입장에선 뜬금 없다고 느껴 효과가 떨어질 수 있다. 또 이 모든 것을 갖추어도 공정성이 없거나 해결책에 대한 추천이 없으면 좋은 개선의 결과로 이어지기 힘들다.

피드백의 중요성을 아무리 강조해도 이를 습관화하고 잘 활용하기란 쉽지 않다. 그러므로 회사는 직원들이 피드백 주고받기를 '훈련'할 수 있도록 적절한 기회를 주고 그러한 환경을 조성해야 한다. 회사, 제품, 직원 간의 각종 피드백을 활성화하기 위해 메타가 주기적으로 진행하는 교육 프로그램이나 피드백 컬처가 잘 실천된 에피소드들은 이 장의 마지막 부분에서 소개하겠다.

WHY

성과와 결과물의 완성도가 높아진다

아이디어부터 시작해 제품이 출시되기까지 피드백 없이는 결코 훌륭한 성과를 이뤄낼 수 없다. 담당자는 때로 세부적인 사안에 집중한 나머지 샛길로 빠지거나, 반대로 신경 쓸 부분이 너무 많아 디테일에 소홀해질 수 있기 때문이다. 그러므로 제3자나 새로운 관점의 피드백은 꼭 필요하다. 협업 부서나 같은 팀 내 동료들의 피드백을 받으며 업무의 완성도를 높일 수 있다.

효과적으로 인재를 확보할 수 있다

메타에서 자주 듣는 말 중 하나는 "직원은 회사를 떠나는 것이 아니라 상사를 떠난다."였다. 안전한 피드백 컬처가 자리 잡지 못하면 상사와 갈등 상황이 빚어졌을 때 대화를 통해서 해결책을 찾기보단 아예 피하고 떠나버리는 게 상책이라는 결론에 이르기가 쉽다. 좋은 직원을 채용하고 유지하는 게 그 회사의 경쟁력에 중요한 기둥인 요즘 이는 더더욱 무시할 수 없는 사항이다.

더군다나 해당 직원이 고성과자일수록 그 사람을 대체할 인력을 찾는 데는 엄청난 시간과 비용이 든다. 피드백이 원활하게 이루어지는 문화에서는 직원들의 문제점도 더 쉽게 파악하고 개선할 수 있어 성과도 좋고 이직률도 낮아진다.

직원 모두에게 성장 마인드를 키워준다

피드백의 궁극적인 목표는 승진도 처벌도 아닌 '성장'이다. 완벽주의에 대한 환상을 버리고 '우린 항상 성장할 기회가 있다'는 걸 받아들이면 피드백은 성장에 가장 도움이 되는 고마운 요소로 바뀐다. 피드백을 통해 지속적으로 성장을 경험하다 보면 점점 더 피드백 받는 것에 익숙해지고 나아가 즐길 수도 있게 된다. 또 이렇게 강점이 뚜렷한 사람들을 모아서 각자의 강점을 더 키워주다 보면 점점 더 경쟁력 있는 조직으로 성장할 수 있다. 자신의 강점을 찾고 키워나가는 데 있어서도 피드백은 가장 큰 원동력이 된다.

진정성 있는 조직문화에 도움이 된다

어려운 얘기일수록 솔직하게 피드백을 주고받으면 팀원 간의 신뢰가 높아지고 좀 더 진정성 있는 관계를 맺을 수 있다. 반대로 전달하기 어려운 이야기라고 해서 피드백 주기를 꺼리면 건강하고 진정성 있는 동료 간의 협업이 어려워진다.

POTENTIAL PROBLEMS

올바름보다 쉬운 길을 선택할 수도 있다

아무리 중요하다고는 해도 피드백을 자주 듣는 것은 사실 정신적으로 쉽지 않은 일이다. 잘못하면 부정적인 피드백을 받는 것이 두려워 어렵고 옳은 결정보다는 그저 무난하고 덜 바람직한 결정을 내리는 상황에 빠지기 쉽다.

그래서 리더들은 꾸준히 피드백의 목적과 직원들의 임무를 상기시켜주어야 한다. 피드백이 성장의 기회가 아닌 어떤 징계처럼 느껴지게 만들어서는 안 된다. 그러면 직원들은 중요한 결정 앞에서 어렵지만 옳은 결정보다는 쉽고 누군가 좋아할 만한 결정만 내리게 될 수 있다. 저커버그는 가끔 회사 입장에서 어려운 결정을 내려야 할 때면 직원들에게 '우리의 책임은 인기 있는 결정보다는 올바른 결정을 내리는 것'임을 늘 상기시켜주었다. 때론 세간의 비난이 따를 수도 있다. 우리는 그 비난을 듣고 상대방의 입장을 최대한 이해하고자 노력해야 하지만 그 결정이 정당하다고 믿는다면, 비록 그 과정이 힘들더라도 우리는 그 결정을 내려야만 한다.

이때 리더가 먼저 시범을 보이며 회사의 조직문화를 실천하려는 의지를 보이는 것이 무척 중요하다. 리더가 조직 내에서 부정적인 피드백을 다뤄야 할 때 유의해야 할 점을 살펴보자.

1 **가치관이나 의견 차이라면** 부정적인 피드백의 타당성을 먼저 살피되, 그 피드백이 가치관의 차이에서 기반한 것이라면 분쟁을 받아들인다. 결정의 이유와 본인(또는 조직)의 입장을 최대한 설명하는 것이 리더로서의 역할임을 인정한다. 만약 부하직원이 다른 팀원들로부터 부정적인 피드백을 받았고, 부정적임에도 불구하고 그에 반대되는 어렵지만 옳은 결정을 내렸다면 그 부하직원의 결정을 칭찬하며 좋은 본보기로 삼는다.

2 **타당성 있는 문제 제기라면** 만일 부정적인 피드백이 타당하다면 자신이 받은 부정적인 피드백을 조직 전체에 공개하는 습관을 갖는다. 부정적인 피드백이 나쁜 것이 아니라 좋은 성장의 기회였다는 경험을 공유하며 개선된 모습을 직접 시범으로 보인다.

마지막으로 '경고' 제도를 만들어 한 번의 피드백이 바로 징계로 직결되지 않도록 한다. 모두에게 개선의 기회를 주고 피드백의 두려움도 없애주는 유용한 방법이다(물론 폭행이나 성희롱 등은 예외다).

피드백에 개인의 편견이 담길 수 있다

모든 인간에게는 편견이 내재되어 있다. 습관이 되어버린 이러한 편견의 사고방식을 스스로 인지하고 고치기란 쉽지 않다. 때문에 서로 주고받는 피드백에도 의도와 무관하게 다양한 편견이 담길 수 있다. 그러므로 어떤 특정한 행동이 개인의 정체성과 배경에 따라 다르게 해석될 수 있고, 같은 결과라도 서로 다른 기대치를 가지고 평가할 수도 있음을 늘 인지하고 경계해야 한다. 특히 개인의 정체성과 관련된 편견이 담긴 피드백은 깊은 상처를 줄 수도 있다.

따라서 회사는 피드백의 중요성을 알리고 '올바른 피드백'을 하는 방법에 관한 교육에도 반드시 투자해야 한다. 그리고 어려운 피드백을 줘야 할 상황에 놓였을 때 '여기에 나의 편견이 담기진 않았을까?', '이 행동을 젊은 여자가 아닌 나이가 많은 남자가 했다면 어땠을까?', '내가 이 사람에게는 조금 더 너그럽고 저 사람에게는 더 엄격한 잣대를 들이대는 건 아닐까?' 등 자신의 편견을 확인해보는 습관을 들여야 한다. 더 많은 도움이 필요하다면 언제든지 HR 또는 외부 전문가의 도움을 받는 것도 추천한다.

Author's Note **모든 사람이 편견을 가지고 있다고?**

생물학적으로 인간은 생존을 위하여 자신과 다르게 생긴 사람을 보면 위협을 느끼도록 진화해왔다고 한다. 반대로 비슷하게 생긴 사람은 보호하려는 경향이 있다. 나도 인간이기에 평등을 늘 원칙적으로는 옹호하지만 사회적으로 받은 교육과 생물학적인 요소로 인해 이러한 편견에서 자유롭지는 못하다. 나의 이러한 편견을 일단 인정하고, 이해하고, 나아가 고치는 데 회사의 몇몇 교육과 꾸준한 학습이 무척 도움이 되었다. 회사 교육 외에도 다양한 책과 다큐멘터리를 보면서 너무 큰 깨달음들을 얻게 되어 주변 모든 사람들에게도 이에 대한 공부를 적극 권하고 있다. 나아가 조직과 사람을 관리하는 리더라면 이에 대한 꾸준한 학습은 의무라고 생각한다.

TIPS

서로 신뢰를 쌓을 수 있도록 충분한 시간을 준다

메타에 들어가고 첫 한 달 동안 내가 세일 많이 한 일은 사람들과 이야기를 나누는 것이었다. 업무 시간의 거의 80퍼센트를 사람들과 이야기하며 보냈고 나머지 20퍼센트 시간에 회사의 제품 및 서비스에 대한 정보를 습득하곤 했다. 새로운 팀에 합류할 때마다 매번 그랬는데, 이건 내 방식이라기보다 회사의 방침이었다. 메타는 새로운 직원이 들어오면 좀 지나치다고 할 수 있을 정도로 사람들과 만나는 시간을 충분히 갖도록 한다. 그만큼 함께 일하는 사람들과의 소통이 중요한 일이라는 의미다.

TRUST BUILDING   OPEN FEEDBACK   GROWTH

처음 한 달 정도까지 회사는 신규 입사자에게 거의 성과를 기대하지 않는다. 단기적인 성과가 아닌 큰 그림의 임팩트를 기대하고 지금 가장 중요한 것에 투자하도록 장려하는 것이다. 사람들과 소통하면서 천천히 신뢰를 쌓아야 앞으로 어려운 일을 함께 해나갈 수 있고 서로 진정성 있는 피드백을 나누는 게 가능해지기 때문이다.

리더가 먼저 모범을 보인다

가장 어려운 피드백은 부하직원이 상사에게 피드백을 주는 것이다. 이것이 제대로 이뤄지지 않으면 앞서 샌드버그가 말했던 회사의 '종말'을 가져올 수 있다. 물론 쉽지 않은 일이지만 그렇기에 더욱 중요하다. 상사에게도 눈치 보지 않고 피드백을 할 수 있는 좋은 피드백 컬처가 활성화되고 지속되려면 리더가 먼저 꾸준하게 솔선수범을 보여야 한다. 그러기 위해 리더는 다음과 같은 노력을 기울일 필요가 있다.

- **신뢰 쌓기** 평소에 팀원들을 인간적으로 알아가기 위해 노력하고 기꺼이 자신의 부족한 점을 드러내 보이며 신뢰와 유대를 쌓는다.
- **먼저 묻기** 관리자로서 부하직원들에게 먼저 '조직 혹은 관리자인 나에게 하고 싶은 말은 없는지' 주기적으로 피드백을 요청한다.

- **고마움 표현하기** 용기 내서 피드백을 준 사람에게 진심으로 고마움을 표현한다.
- **사과하기** 잘못한 일은 바로 인정하고 사과한다. 이때 '바로'와 '인정' 두 가지 모두 중요하다.
- **모델 삼기** 피드백을 준 사람을 (그 사람의 동의에 따라) 공개적으로 칭찬한다.
- **개선하기** 피드백을 듣고 난 후에 공개적으로 개선 의지와 방안을 보여준다. 그리고 빠른 시일 내에 개선한다.

피드백을 안전하게 공유할 수 있는 제도를 만든다

메타는 '절대 보복 금지Zero Retaliation' 제도를 만들어서 직원들을 그 상사의 보복으로부터 보호한다. 그리고 이 제도를 모두가 인지하도록 주기적으로 홍보한다. 피드백은 원하는 사람에 한하여 철저히 익명이 보장되는데, 만약 피드백에 대한 보복 행위가 일어나면 이때는 가차 없는 해고로 이어진다.

동료 간에는 직접 소통을 장려한다

관리자는 팀 내에서 최대한 익명의 피드백이 오가지 않고 서로 직접 전달할 수 있는 건강한 환경을 만들어야 한다. 팀원에게서 받은 익명의 피드백은 개인에게도 상처가 되고 잘못하면 팀의 신뢰를 깨트릴 위험이 있기 때문이다. 팀원에 대한 익명 피드백을 전달받았다면 리더는 당사자에게 직접 전달을 시도해봤는지, 왜 익명으로 전해야만 하는지를 물어보고 최대한 서로가 직접 안전하고 솔직하게 피드백을 공유할 수 있는 문화를 조성한다.

임팩트 위주로 피드백한다

많은 사람들이 피드백을 줄 때 '아무개가 무엇을 한다'는 식으로, 즉 행동 위주로 피드백을 하는 경향이 있다. 하지만 임팩트에 포커스를 맞춰 피드백을 주는 것이 중요하다. 예를 들면 '아무개의 어떠한 행동(X) 때문에 어떠한 임팩트(Y)가 생긴다. 그러므로 그러한 결과가 생기지 않도록 이러저러한 다른 행동(Z)을 할 것을 추천한다'라는 식으로 말이다. 이렇게 '결과'를 분명히 짚고 넘어간 다음 그 결과를 변화시키기 위한 '방법'을 함께 이야기해주는 것이 좋다.

어떤 행동뿐만 아니라 업무에 관한 피드백을 줄 때도 마찬가지다. 'X 디자인은 Y의 결과를 초래하기 때문에 문제가 있다. 그 결과를 피하기 위해 디자인을 Z로 바꾸면 어떻겠는가'처럼 결과에 집중해 모든 피드백을 주도록 한다.

피드백 교육과 훈련에 과감히 투자한다

회사를 다니는 동안 "피드백은 선물이다 Feedback is a gift."라는 표현을 자주 들었다. 원칙적으로는 이 말이 맞지만 나는 메타에서 10년 이상을 근무한 HR 디렉터에게 들은 다음의 말이 더 인상적이었다. "모든 피드백이 선물은 아니다 Not all feedback is a gift." 말하자면 피드백도 좋은 피드백이 있고, 좋은 전달법이 따로 있다는 얘기다.

피드백이 좋지 않은 방향으로 전달되면 조직에 오히려 부정적인 영향을 미친다. 피드백을 통해 직원 개인의 성장과 프로젝트의 성장을 함께 이뤄내려면 회사가 피드백의 중요성과 함께 어떤 피드백을 어떻게 전달해야 하는지에 대해 가르쳐야 한다. 내가 메타에서 경험한 교육들은 다음과 같았다.

- **사내 교육** 피드백 잘하는 기술을 가르쳐주는 수업이 존재하며 관리자들은 이러한 피드백 관련 수업들을 의무적으로 들어야 했다. 내가 들었던 수업들은 이론적인 강의는 물론, 실제 상황에 적용해보는 시뮬레이션 연습이 함께 이루어져 실제 현장에서 훈련하는 데 많은 도움이 되었다.

- **HR팀에 대한 투자** 메타는 HR팀에 대한 투자를 아끼지 않는다. 그래야 리더들에게 피드백과 관련하여 적절한 때에 효과적으로 도움을 줄 수 있기 때문이다. 나 역시 종종 팀원들에게 어려운 피드백을 전달해야 할 일이 생기면 HR팀의 도움을 많이 받곤 했다. 메타의 HR팀에는 아예 '직원 관계Employee Relations'를 담당하는 직책이 따로 있어서 직원 관리에 필요한 여러 가지 조언들을 준다. 다양한 피드백 사례를 통해 효과적인 피드백 전달 방법을 알려주고 때론 역할극처럼 상황을 시연하는 방식으로 직접적인 코칭을 해주기도 한다.

- **다양한 피드백 채널에 대한 교육** 피드백은 여러 채널을 통해 서로 다른 형태로 전달될 수 있으며 채널에 따라 줄 수 있는 피드백의 종류도 각기 다르다. 메타는 어떤 채널에서 어떤 종류의 피드백을 주는 게 가장 효과적인지에 대한 교육을 주기적으로 실시했다.

- **평등에 대한 교육** 관리자라면 내가 주는 피드백에 편견이 담겨 있진 않은지 늘 체크하는 습관을 가져야 한다. 만약 편견이 있음을 인지했다면 그에 따른 조치를 취할 수 있도록 평등에 관

한 다양한 수업을 듣는다. 메타에서는 모든 팀장들에게 매년 이러한 수업을 의무적으로 이수하게 했다.

피드백을 받아들이는 데도 기술이 필요하다

피드백 컬처라고 하면 흔히 피드백을 주는 상황만을 떠올리기 쉽지만 사실 피드백은 잘 받고 어떻게 소화하느냐가 역시 중요하다. 메타에서 배운 '피드백 받기 기술'에는 다음과 같은 것들이 있다.

- **경청하기** 누군가의 말을 집중해서 쭉 듣기란 의외로 정말 어렵다. 중간에 변명이나 반응을 하고 싶어 입이 근질거려도 이 시간은 '피드백을 듣는 시간'이라고 생각하며 꾹 참고 일단 그냥 듣도록 한다.
- **요점 이해하기** 피드백의 내용을 정확히 이해하기 위해 피드백의 요점을 반복해 생각하면서 자신이 이해한 내용이 옳은지 직접 물어보면서 확인한다. "당신의 피드백을 ~라고 이해했는데, 나의 이해가 맞나요?"
- **감정 정리하기** 피드백을 듣는 동안 떠오르는 여러 감정들에 바로바로 반응하지 않는다. 어려운 피드백을 받다 보면 마음속에서 복잡한 감정들이 일어나기 마련인데 여기에 바로 반응하지 말고 다음과 같이 마무리한다. "정리할 시간이 필요해서 이에 대한 응답은 나중에 준비가 되면 하겠다. 일단 피드백을 줘

서 고맙다."

- **시간을 갖고 되돌아보기** 어려운 피드백을 받았다면 일단 감정이 가라앉기를 기다린다. 그 후 피드백을 혼자 또는 주변의 도움을 받아 복기해본다. 회사의 HR팀에 부탁을 하거나(HR팀을 신뢰할 수 있는 경우) 멘토를 찾아가 코칭을 받는 방법도 있다.

- **피드백의 심각성 이해하기** 내가 받은 피드백이 예외적으로 딱 한 번 나타난 것인지, 아니면 주변 사람들 대부분이 인지할 정도로 반복적으로 나타나는 패턴인지 동료들에게 묻고 확인한다. 예컨대 '내가 이런 피드백을 받아서 개선할 방법을 찾고 있는데 혹시 당신도 느끼고 있던 점인가' 하고 물어보는 것이다. 이때 '개선하기 위해' 또는 '배움을 위해'라는 의도를 표현하는 것이 가장 중요하다. 그런 의도가 표현되지 못해 상대가 자칫 당신의 질문을 위협으로 받아들이면 솔직한 답을 받기 어려울 수 있다.

- **의도와 전달을 분리하기** 만일 피드백의 내용이 오해에서 비롯된 것이더라도 나의 의도를 전달하는 방법에 문제가 있었다는 뜻이니 그 역시도 타당한 피드백으로 인정한다. 이를테면 '난 그런 뜻이 아니었어!'가 아닌 '내 의도가 제대로 전달되지 못했구나. 전달 방법을 개선해야겠다'라고 프레임을 바꿔본다.

- **혼자 말고 도움을 받으며 개선하기** 감정이 정리되고 개선 방법도 찾았다면 주변 동료들에게 일대일로 또는 공개적으로 개선 의지를 표출한다. 그리고 개선 계획에 대한 피드백을 요청한다.

실리콘밸리에선 어떻게 일하나요

이런 식으로 많은 사람들의 도움을 받을 수 있으면 개선의 속도도 더 빠를 뿐만 아니라 신뢰도 더 쌓이게 된다.

- **먼저 습관적으로 피드백 요청하기** 평소에 주변 동료들이나 상사에게 자주 자신의 업무나 언어, 행동 등에 대한 피드백을 먼저 요청하는 습관을 기른다.

기대치를 기준 삼아 객관적으로 피드백한다

문제나 갈등은 주로 기대치에 비해 결과가 그에 미치지 못할 때 생긴다. 그러므로 기대치를 미리 정하고 그것에 서로 동의하는 게 중요하다. 그래야 나중에 피드백을 줄 때도 그 기대치를 레퍼런스 삼아 객관적으로 이야기할 수 있다. 이는 주관적인 요소를 피하며 개인 간의 갈등을 피할 수 있는 중요한 포인트다.

심각한 피드백일수록 문서화한다

어렵고 중요한 피드백일수록 먼저 대면으로 전달하고 그다음 글로 정리해 문서로 남겨놓는다. 제품 자체에 관한 것이든 행위나 성과에 관한 것이든 개선의 심각성이 큰 피드백일수록 피드백 내용과 향후 개선 방법에 대한 기대치를 문서로 정리해놓아야 한다. 사람들은 의의로 잘 잊어버리기 때문에 이렇게 문서로 만들어놓아야 시간이 지나서도 오해의 여지 없이 합의된 사실을 바탕으로 결과를 논할 수 있다. 뿐만 아니라 문서화하는 행위 자체로 상대방에게 피드백의 심각성을 제대로 전달하는 효과도 있다. 한번은 어떤 팀장이 팀원에게 심각한 피드백을 어렵게 전달해주었는데, 배려하며 전달한다는 게 그만 심각성이 제대로 전달되지 않아 나중에 문제가 더 커진 케이스도 있다. 심각성이 큰 피드백일수록 의도와 전달에 대한 오해의 여지가 없게 문서화해야 한다.

긍정적인 피드백도 절대 잊지 않는다

피드백 컬처를 떠올리면 사람들은 주로 부정적이거나 건설적인 피드백을 먼저 생각한다. 하지만 긍정적인 피드백 없이는 피드백 컬처의 진정한 잠재력을 이야기할 수 없다. 긍정적인 피드백과 칭찬이야말로 상대방의 행동 변화를 이끌고 직원들의 참여, 개인의 성장, 조직 성과 등 모든 면에서 매우 효과적인 결과를 가져온다. 개인적으로 긍정적인 피드백을 직접 전달하는 것도 물론 좋지만 여기서 더 나아가 서로 공개적으로 칭찬하는 제도를 만들면 더 좋은 결과를 기대할 수 있다.

STORIES

효과적이었던 피드백 프로그램 사례

에피소드라고 하기는 어렵지만 피드백 컬처의 이해를 돕기 위해 내가 메타에서 경험했던 피드백 관련 프로그램 몇 가지를 소개하고자 한다. '의도의 종류'로 분류하면 대략 다음의 다섯 가지로 나눌 수 있다.

회사생활의 만족도와 관련한 피드백 '잘 지내는가?'

회사생활의 만족도를 체크하는 '펄스 서베이**Pulse Survey**('맥박을 체크한다'는 의미)' 설문조사는 전 직원을 대상으로 1년에 두 번씩 익명으로 진행된다. CEO의 리더십, 사업부 리더의 리더십, 팀장의 리더십, 개인의 직장생활 만족도 등을 물어보는데 질문들이 굉장히 구체적이다. 예를 들면 이런 식이다.

- CEO 혹은 사업부 리더의 비전에 대해 만족하는가?
- 팀장과 함께 일하는 데 만족하는가?
- 조직문화에 대해 만족하는가?
- 내가 속한 사업팀의 비전에 대해 얼마나 신뢰하는가?
- 출퇴근 활동이 개인 삶에 어떤 영향을 끼치고 있는가?
- 업무를 통해 회사의 인정을 받고 있다고 생각하는가? 그에 대한 만족도는 어느 정도인가?
- 내가 가장 즐기고 잘하는 일을 하고 있는가?
- 회사 내의 프로세스와 제도에 대한 만족도는 어느 정도인가?
- 현재 나의 워라밸은 잘 지켜지고 있는가?
- 현재 나는 진정성 있는 모습으로 일하고 있는가?
- 이 설문조사의 결과에 따라 변화가 생길 것이라 생각하는가?

각 질문마다 답변에 따른 또 다른 질문들이 계속 이어진다. 예를 들어 출퇴근 활동이 미치는 영향에 부정적인 답을 하면 그 이유를 묻는 옵션이 여러 개 나오고, 개선 방법에 대한 의견도 자유롭게 쓸 수 있도록 한다. 이렇게 설문조사가 끝나면 결과에 따라 공식적으로 개선할 부분들과 개선 방법에 대해서도 자세히 공개한다. 그리고 설문조사가 끝나면 리더에게 최소 두 시간은 팀원들과 앉아서 결과에 대해 더 구체적인 토론을 하도록 한다. 그리고 마지막엔 팀에서 가장 중요하다고 의견이 모아진 과제 두세 가지를 선정하여 함께 개선책을 찾는다.

이 설문조사는 질문 개수가 많기로 유명해서 그만큼 작성하는 네 오랜 시간이 걸리지만 매번 90퍼센트 이상의 응답률을 보인다. 회사 입장에서는 '회사가 직원들의 만족도에 신경을 쓴다'는 메시지를 효과적으로 전달할 수 있고 직원 입장에서는 익명으로 자신의 의견을 솔직하게 개진할 좋은 기회이니 시간이 걸려도 마다할 이유가 없다. 게다가 이 설문조사 결과로 팀이나 회사가 변화하는 것을 직접 볼 수 있으니 더욱 적극적으로 참여하게 된다. 좋은 피드백 컬처의 선순환을 잘 보여주는 사례라 할 수 있다.

직원의 성과와 관련한 피드백 '주어진 일을 잘 하는가?'

메타에서는 1년에 두 번씩(현재는 한 번으로 바뀌었다) 개인의 성과에 대한 평가를 한다. 이때 모두가 셀프 평가를 비롯해 상급자 평가, 동료 평가를 받으며, 팀장은 이 데이터를 종합하여 자신의 평가 점수를 함께 매긴다. 이 점수에 따라 보너스, 승진, 경고 및 해고가 결정된다. 하지만 이 개인 평가 제도는 승진과 같은 결과 외에도 개인의 강점 찾기, 목표 세우기 등 커리어 설계에 중요한 역할을 한다. 이 제도에 대한 설명은 7장에서 더 자세히 다루겠다.

제품의 성과와 관련한 피드백 '무엇을 만드는가?'

사업부마다 조금씩 다르긴 하지만 대부분의 사업부는 부서 리더들이 함께 모여 제품의 기획, 진행 과정, 결과를 리뷰하면서 론칭 여부를 결정하는 시간을 갖는다. 정해진 형식은 없지만 일반적으로 다음과 같은 사항을 준비한다.

- **제품으로 달성하고자 하는 목표**
- **현재 성과**
- **목표 달성에 필요한 논의점과 도움이 필요한 사안**

이 피드백은 미팅 하루 전에 발표할 내용을 미리 참석자에게 공유하고 발표자 자신도 내용을 완벽하게 숙지한다. 미팅에서 다룰 질문이나 피드백 요청 내용도 사전에 준비하고 공유하여, 임원들이 그 질문거리에 대해 미리 생각해보도록 한다. 피드백의 퀄리티와 미팅의 효율성을 높이는 중요한 방법이다.

프로덕트의 퀄리티와 관련한 피드백 '어떻게 만드는가?'

모든 사업부는 각 전문 분야의 관점에서 프로젝트들의 퀄리티를 점검하는 시간을 갖는다. 예를 들어서 디자인팀에는 디자이너들만 모여서 디자인에 관련된 피드백을 공유하는 크리티크critique가 있다. 앞서 이야기한 제품과 관련한 피드백 미팅이 제품 전반의 전략과 방향성 위주로 이뤄진다면 이 시간엔 주로 디자인의 완성도에 관한 피드백을 한다. 이렇게 모든 프로덕트는 전문가 집단으로부터 각 사업 부문(디자인, 리서치, 데이터, 마케팅, 엔지니어링 등)에 관련된 피드백을 받으며 완성도를 유지하고 향상한다. 이때 좋은 피드백을 수집하기 위해서 실무자들은 피드백을 요청하는 훈련을 받기도 한다. 디자인 리뷰를 예로 들면 크리티크 때 피드백을 요청하는 디자이너는 미리 참석자들에게 다음과 같은 정보를 제공하고 그에 맞는 피드백을 구한다.

- 디자인의 목표
- 목표 달성을 위한 해결책 옵션(가설들)
- 지금 고려하고 있는 디자인 옵션
- 필요한 피드백

디자인 리뷰의 항목들에는 프로덕트 씽킹product thinking, 사용성usability, 시각 디자인visual design 등이 있으며 피드백을 요청하는 디자이너는 자기가 가장 필요로 하는 피드백이 무엇인지 정확히 요구해야 할 책임이 있다. 예를 들어 해결책 옵션을 고민하고 있는 시점에서 비주얼 디자인 피드백은 시간 낭비나 다름없다. 또한 이러한 피드백 문화를 잘 정착시키기 위해 신입 디자이너 교육 프로그램을 비롯해 디자이너 커뮤니티에 관련 내용들을 공유하며 발전시킨다.

제품의 결함과 관련한 피드백 '문제점이 있는가?'

제품이 베타테스트로 론칭되면(물론 정식 출시가 되고 나서도 마찬가지지만) 수많은 문제점들이 발생할 수 있다. 그런 이유로 제품이 론칭되면 회사 직원들에게 먼저 사용하게끔 하고 피드백을 수집한다. 론칭 전에 직원들이 테스트를 하며 문제점을 신고하는 제도를 '도그푸드dogfood'(시험 사용을 의미)라고 하고, 론칭되고 나서는 '버그 리포트'라고 한다. 버그 리포트는 개발자들이 흔히 '버그(오류)'를 신고한다는 의미로 쓰는데, 여기서 버그는 코드적인 오류뿐 아니라 디자인이나 콘텐츠 내용을 비롯해 모든 범주의 오류를 다 포함한다.

임원급에게 전략이 틀렸다고 피드백을 줄까, 말까?

셰릴 샌드버그가 아무리 상사나 C 레벨에게 어려운 피드백을 주는 것의 중요성을 열변해도 그 말을 듣는 대부분의 직원들은 이런 생각을 할 것이다. "에이, 그래도 어떻게 직원이 임원에게 직접 가서 부정적인 피드백을 줘?" 나도 직접 경험해보기 전까지는 사실 이렇게 생각했다.

이번 에피소드는 조직의 제일 높은 자리에 있는 임원에게 직접 어려운 피드백을 줘야 했던 나의 실제 이야기다. 나는 이때의 경험 이후로도 다양한 사업부에 소속되어 최소 네댓 번 이상은 이러한 종류의 피드백을 반복한 적이 있다. 그래서 회사가 피드백 컬처에 대한 강의를 할 때면 직접 나가서 한마디 하고 싶을 정도였다. "내가 해봤는데, 정말 그게 먹히더라니깐!"

내가 검색팀에 합류한 지 몇 개월 되지 않았을 때의 일이다. 검색

팀의 디렉터로부터 글로벌화internationalization 전략에 대한 발표를 들었다. 그 임원의 이름을 벤이라고 하자. 나는 벤의 조직에 합류한 지 얼마 되지 않았지만 합류가 결정된 순간 가장 먼저 검색 프로덕트 데이터와 사용자 리서치 자료들을 몽땅 검토했기 때문에 벤이 발표한 전략에 뭔가 문제가 있다는 것을 바로 느꼈다. 하지만 팀에 합류한 지 얼마 안 됐기 때문에 나의 직감을 의심했다.

그래도 혹시나 해서 연구원 몇 명에게 개인적으로 물어보았더니 나의 말이 맞는 것 같다는 게 아닌가. 게다가 어떤 연구원은 나의 문제 제기가 맞다는 증거 데이터를 보내주기도 했다. 그리고 나자 나의 직감에 확신이 생겼다. 그렇게 확신이 생겼지만 막상 이 정보를 가지고 뭘 어떻게 해야 할지는 막막했다. 이 조직의 신규 멤버인 내가 대체 뭘 할 수 있단 말인가? 하지만 여러 문화권에서 생활했던 나로서는 '글로벌화' 문제에 열정이 있었다. 나는 이 전략으로 인해 피해를 볼 사용자들을 위해서라도 꼭 문제 제기를 해야겠다고 결심했다.

다행히 이 팀에 처음 합류했을 때 벤과 일대일 미팅을 하며 안면은 튼 상태라 나는 조심스레 장문의 이메일을 보냈다. 수집한 리서치 데이터를 보여주며 우리 조직의 글로벌화 전략에 걱정스러운 부분이 있다고 문제 제기를 했다. 그날 밤, 나는 당연히 제대로 잠을 이루지 못했다. 내가 검색팀에 오래 있었다면 벤의 성격과 스타일도 어느 정도 알고 신뢰도 쌓여서 그나마 쉬웠을 텐데, 당시 나는 팀에 합류한 지 두 달도 채 되지 않은 상태였다.

다음 날 아침, 답장이 도착해 있었다. 심호흡을 하고 열어본 메일에는 "잘 읽어보았다. 소중한 피드백을 주어 고맙고 우리 전략에 대해 다시 한번 고려해보겠다."라고 쓰여 있었다. 나는 일단 안도의 한숨을 쉬었다. 그 일이 있고 며칠 후, 검색팀의 모든 임원들이 모여 글로벌화 전략에 대한 솔직한 피드백을 듣는 회의가 열렸다. 조직 리더들의 의견을 종합한 결과 놀랍게도 새로운 전략을 짜보자는 결정이 내려졌다. 얼마 뒤 검색팀의 리더들이 모이는 브레인스토밍 워크숍이 열렸고 우리 팀 모두의 의견과 다양한 리서치 데이터가 기반이 된 새로운 글로벌 전략이 수립되었다.

이 일을 통해 나는 우리 팀의 전략에 대한 만족도는 물론 팀에 대한 소속감, 그리고 리더에 대한 존경심까지 갖게 되었다. 무엇보다 시간이 지날수록 그 수정된 전략이 옳았음을 데이터로 확인할 수 있어 아주 큰 보람을 느꼈다. 벤은 메타에서 10년 넘게 임원으로 일하면서 일관되게 이런 태도를 보이며 피드백 컬처를 지키고 전파하는 데 공헌했다. 그는 검색팀의 어려운 결정 하나하나마다 팀원들의 의견에 귀 기울이며 신중하게 결정했다. 빠른 결정보단 느리더라도 옳은 결정을 내리는 문화를 활성화하는 데 큰 기여를 했다.

그리고 난 이때의 경험 덕분에 이후 어떤 문제를 목격할 때마다 내 일처럼 책임감을 갖고 살펴보게 됐다. 경우에 따라 상급자에게도 문제 제기를 하며 해결을 위한 노력 또한 아끼지 않았다. 더 나아가 내 후배들도 이런 태도를 키울 수 있도록 코칭하며 나도 이 문화를 퍼뜨리는 데 공헌하고자 노력했다.

아픈 피드백, 공격이 아닌 신뢰의 첫걸음

상사에게 피드백을 주는 것도 힘든 일이지만 리더의 입장에서 피드백을 받는 것도 결코 쉽지 않다는 것을 나는 꽤 빨리 체감했다. 2017년 나는 리더에서 팀장(관리자)으로 전환함과 동시에 새로운 팀을 책임지게 되었다. 새로운 직책과 새로운 팀에 동시에 적응해야 하는 이중고를 겪었는데, 그때 받았던 피드백 역시 내가 받았던 피드백 중 가장 어려운 것이었다.

새로운 팀에 합류하고 함께 일해야 하는 파트너 임원들부터 시작해 부하직원들의 스타일을 파악하고 그동안 진행했던 프로젝트들과 현재 프로젝트에 관한 제반사항들을 습득하는 시기였다. 동료와 부하직원은 물론 상사도 모두 처음 함께 일해보는 관계였기에 열심히 서로를 알아가며 신뢰를 쌓아가던 중이었다. 그때 나의 상사는 이 적응 과정을 도와주고자 하는 마음에서 함께 일하는 동료들에게 나에 관한 피드백을 받아 전해주었다.

슬슬 새로운 팀에서 안정을 찾기 시작했을 그 무렵, 상사가 전해준 피드백이 그 안도감을 단숨에 깨버렸다. 모든 부분에서 다 잘 해내고 있지만 직원들에게서 나온 한 가지 공통된 부정적 피드백이 있었으니 내가 말을 좀 심하게 하는 경향이 있다는 것이었다. 그 말을 듣고 나니 최근 내가 나의 파트너 리더들과 열렬히 나눈 토론, 디자인 리뷰 때 나누었던 진솔한 피드백들이 머릿속에 떠오르기 시작했다.

나의 솔직한 성격이 이미 신뢰가 충분히 쌓인 이전 팀에서는 강점으로 작용했는데, 새로운 팀에선 신뢰가 다 쌓이지 않은 상태이다 보니 조금 당황스럽게 받아들여졌던 모양이다. 그 팀의 오랜 노력과 배경을 충분히 이해하지 못한 신규 멤버였던 내가 질문보단 판단으로 느껴질 법한 발언을 하니 다소 기분 나쁘게 들리는 게 당연했다. 돌이켜보니 그 마음이 충분히 이해가 갔다. 게다가 이전 팀에선 나도 팀원으로서 수평적인 관계로 일했다면 지금 팀에서는 내가 누군가의 상사가 되었기에 같은 말도 더 무게 있게 받아들여질 수 있다는 걸 뒤늦게 깨달았다.

팀장으로서 성장 과정에서 흔히 있을 수 있는 일이고 이론적으로는 충분히 이해가 되었다. 그럼에도 지난 몇 개월간 누구보다 열심히 달려오던 차에 이런 피드백을 받으니 생각보다 정신적인 타격이 컸다. '과연 나는 팀장이 될 자격이 있나?', '팀장 직책을 수락한 게 옳은 결정이었을까?', '앞으로 잘할 수 있을까?' 하는 불안감이 엄습했다. 나의 선택에 의심을 품다 보니 기운마저 쭉 빠지고 무기력해졌다. 피드백을 멋지게 순응하고 바로 개선하는 팀장이 되고 싶었지만 쉽지 않았다.

하지만 신뢰를 쌓아야 하는 중요한 시기였기에 나는 상사를 찾아가 나의 이런 솔직한 마음을 털어놓기로 했다. 이야기를 나누던 도중 나도 모르게 눈물이 왈칵 쏟아져서 상사가 조금 놀라는 듯했지만 이내 그는 나의 솔직함에 고마워했다. 며칠 후 상사는 자신 역시 처음 팀장을 맡은 사람에게 적절하게 피드백을 전달했는지를 돌이켜보며 반성하고 교훈을 얻었다고 말해주었다. 단순히 피드백을 모아 전달만 했을 뿐 나의 억양이나 태도가 실제로 팀과 성과에 미치는 영향(비난이 아닌 임팩트 위주의 설명)을 제대로 전달하지 않았기 때문에 사적인 공격처럼 느껴졌을 수도 있다고, 피드백의 가장 중요한 요소인 '개선점에 대한 의견'이 빠졌다고 잘못을 시인했다. 그 후 우리는 앞으로 이를 어떻게 개선해야 할지에 대해 함께 이야기를 나눴고 즉각 행동에 들어갔다. 일단 나는 함께하는 팀원들 모두와 일대일 미팅을 하면서 내가 받은 피드백에 대해 공유하고 고마움을 표했다.

"솔직한 피드백을 주는 일이 쉽지 않았을 텐데 정말 고맙습니다. 이 문제를 개선하기 위해 생각하는 시간을 많이 가졌어요. 앞으로 새로운 소통 방식을 시도해볼 텐데 그 과정에서 이 패턴이 반복될 때마다 바로 나한테 얘기해줄래요? 그러면 좀 더 빨리 개선할 수 있을 것 같습니다."

이렇게 부탁한 후에 개인적인 생각을 솔직하게 털어놓으며 나의 부족한 부분을 공유하기도 했다.

"이외에도 다른 피드백이 있으면 얼마든지 얘기해주세요. 새로운 팀에서 새로운 직책으로 적응하고 바로 성과를 낸다는 게 정말 생각보다 너무 어렵네요. 그래서 그 과정이 즐겁기도 하지만 힘든 부분도 많았어요. 심지어는 '난 자격이 없나? 옳은 결정이 아니었나?'라는 생각도 떨치기 힘들었어요. 앞으로 저도 솔직한 생각을 공유할테니 당신도 솔직한 피드백을 공유해주세요. 그럼 우리 사이에 신뢰가 더욱 탄탄해질 것 같아요."

이런 식으로 한 명, 한 명과 만나 진심으로 고마움을 표하고 나의 생각을 솔직하게 털어놓자 동료들과 부하직원들의 태도가 많이 변했다. 갑자기 자신의 힘든 이야기도 털어놓는가 하면 내가 힘들었을 생각을 하니 미안하다며 눈물을 흘리는 사람도 있었다. 어떤 의미에서 그런 피드백을 했는지 더 정확하게 설명하며 도움을 주려는 사람, 다른 부분에 대해 더 칭찬을 하며 정말 잘하고 있다고 응원을 건네는 사람도 있었다. 그전까지는 마치 내가 이 자리에 설 만한 사람이라는 걸 모두에게 증명하는 시간 같았는데, 이야기를 나누고 나자 함께 일하는 모든 사람들이 내 편이 된 것만 같았다.

이때의 사건은 우리 팀이 서로 신뢰를 쌓고 협업의 완성도를 높이는 데 너무나도 중요한 첫걸음이 되었다. 이후 우리 팀은 함께 일하는 동안 수많은 성과의 열매를 맛볼 수 있었다. 3년 만에 검색팀 역사상 가장 큰 규모의 프로젝트도 두 개나 성공적으로 완수했고 일을 떠나 개인적으로도 오랜 우정을 쌓을 수 있었다.

마리아가 마리오였다면

이번 에피소드는 상사로서 부하직원이 받은 피드백의 타당성을 체크하는 계기가 되었던 사건이다. 우리 팀에 정말 실력이 뛰어난 디자이너가 있었다. 경력은 상대적으로 낮았지만 같은 레벨의 디자이너들보다 속도와 성과 면에서 매우 독보적이라 초고속 승진을 거듭하던 사람이었다. 그녀의 이름은 마리아라고 하자.

문제의 발단은 그해 직원 평가 리뷰 자리에서 생겨났다. 그녀에 대한 피드백 중 거의 90퍼센트는 다 좋은 내용이었지만 부정적인 피드백이 극소수지만 몇 개 눈에 띄었다. 마리아가 실력은 뛰어나지만 사람들과의 협업에서 부족한 점이 보인다는 내용이었다. 나는 그 피드백을 준 사람들과 직접 이야기를 나눠 그런 피드백을 준 이유와 마리아의 행동이 무엇이었는지 알아보고자 했다. 그리고 나와 함께 일한 2년 동안 이런 피드백을 받은 건 처음이어서 혹시 그전에도 이와 유사한 피드백이 있었는지도 알아봤지만 이런 적은 없었다.

나의 상사는 이러한 피드백을 보고, 리더십에 협업은 필수이니 마리아의 이번 분기 승진 계획을 다음으로 미루는 것이 어떻겠냐고 의견을 구해왔다. 나는 결정을 해야 했다. 상사의 말을 그냥 들을지 아니면 반론을 제기하고 그에 대한 근거를 정리해서 보고할지 말이다. 일단 나는 혼자서 피드백에 대한 근거를 정리해보았다.

- **조직문화에 대한 다른 관점** 첫 번째 피드백은 한 프로젝트 팀원에게서 나왔다. 해당 프로젝트는 책임자가 불분명해서 안 그래도 여러 문제들이 발생하곤 했었다. 프로젝트가 끝나고 디브리프debrief 미팅(종료한 프로젝트의 장단점을 이야기하고 앞으로의 개선 방법을 논의하며 다양한 피드백을 주고받는 미팅)에서 마리아가 개선할 사항에 대해 피드백을 많이 주었는데 그게 다소 공격적으로 느껴졌다고 했다. 이 피드백을 보고한 팀원은 합류한 지 얼마 되지 않은 팀장이었다. 피드백 컬처가 익숙하지 않은 데다가 신입이었으니 마리아의 피드백을 개인적인 공격으로 느

겼을 수 있다.

- **피드백의 타당성 문제** 다른 피드백은 내가 잘 아는 동료로부터 나왔다. 그는 기술적인 지식이 강한 엔지니어였지만 프로덕트 씽킹 부분에서는 사용성usability 관점보다 기술technology 중심으로 프로덕트를 기획하려는 경향이 강했다. 이럴 때 사용자의 입장에 서서 프로덕트의 전체적인 완성도를 위해 반론을 제기하는 것이 디자이너의 의무였고 마리아가 한 행동은 옳았다.

그렇게 나는 결정을 내렸다. 물론 마리아가 더 성장하려면 소통을 더 효과적으로 해야 할 필요는 있었다. 하지만 승진 결정을 늦출 만큼의 피드백은 아니라고 판단했다. 나머지 90퍼센트의 피드백에서 두 가지 부정적인 의견을 충분히 상쇄할 만한 긍정적인 내용들이 많았기 때문에 심각한 사안도 아니라고 생각했다. 또한 같은 행동을 피부색이 다른 젊은 여성 '마리아'가 아닌 '마리오'가 했다면(예컨대 '영희'가 아닌 '철수'가 했다면) 과연 그런 피드백을 받았을까'라는 질문을 스스로에게 해보았고 나는 쉽게 아니라고 단정할 수 없었다. 결국 나의 조사와 사유를 모두 들은 내 상사는 승진 결정은 그대로 진행하되 투명하게 피드백을 공유하고 앞으로 더욱 신경 써서 개선할 점을 코칭해주라고 했다.

마리아는 그때 승진한 후 현재 팀장이 되어 회사의 중요한 프로젝트를 맡으며 자신의 팀을 잘 꾸려나가고 있다. 이처럼 관리자의

실리콘밸리에선 어떻게 일하나요

위치에 있는 사람이라면 조금 더 시간을 투자해서 수많은 피드백들 속 편견을 체크하고 분석해서 최대한 공정한 결정을 내리도록 노력해야 한다. 한 사람의 커리어 결정은 종종 한순간에 이뤄진다. 피드백은 어쩔 수 없이 개개인의 가치관과 배경, 편견 등을 완전히 배제할 수는 없기 때문에 상사가 이를 한 번 더 깊이 들여다보고 체크해야 할 의무가 있다.

피드백에 휩쓸려 진정성 잃지 않기

피드백은 분명 개인의 성장과 업무 성과에 없어선 안 될 중요한 요소다. 하지만 이렇게 많은 피드백 속에서 자신의 '진정한 모습'을 잃지 않는 것이야말로 가장 중요하다. 그러기 위해선 두 가지, 즉 진정성이란 무엇인지를 이해해야 하고, 피드백을 자신의 진정성을 희생하지 않는 선에서 수용하며 개선 방법을 찾아봐야 한다.

2018년 마침 실리콘밸리에 여성 디자인 리더들을 위한 수련회 **Within Retreat**가 새로 생겼다. 첫해에 50명의 리더들만 모아서 3박 4일 동안 캘리포니아 사막 한가운데의 호텔에서 프로그램을 진행했는데, 당시 나는 메타에서 추첨한 세 명 중 한 명으로 참가하게 되었다. 전형적인 콘퍼런스 행사이겠거니 했지만 막상 가서 보니 이 수련회 프로그램은 내 모든 기대와 상상을 초월했다. 어찌된 게 강의는 하나도 없고, 요가, 명상, 쉬는 시간, 합기도, 산책 등의 프로그램이 대부분이었던 것이다. 매일 몇 시간씩 글쓰기와 소그룹으로 토론

하는 시간들이 그 사이사이를 채웠다.

이 수련회에서 핵심적으로 전하고자 하는 바를 한마디로 정리하면 이러했다. "좋은 리더십이란 기술도 중요하지만 무엇보다 자신의 진정성을 지키며 리드하는 것이다." 진정성이란 자신의 가치관을 이해하고 그것을 자신의 일과 삶에 반영해야 한다는 이야기였다.

나는 그해에 그렇지 않아도 진정성에 대해 많은 고민을 하고 있었다. 서른이 될 무렵 다른 문화를 가진 네 개의 나라에서 살며 조직생활을 경험해온 덕분에 나는 카멜레온처럼 어떤 환경에 가든 그 문화의 색을 이해하고 적응하는 기술을 나름 잘 터득하며 살고 있다. 예컨대 노르웨이에서는 속삭이며 소통하는 기술을 배웠고 실리콘밸리에서는 큰 소리로 소통하며 리더로 성장하는 법을 배웠다.

그렇게 앞만 보며 달려왔지만 리더의 조건은 한층 더 복잡했다. 앞서 두 개의 에피소드에 언급했던 것처럼 특히 여성 리더의 소통은 너무 부드러워서도 안 되고 너무 강해서도 안 되는 매우 섬세하게 균형을 잡아야 하는 일이었다. 리더가 되기 위해 '당당히 너의 목소리를 내speak up'라던 피드백이 팀장이 되면 '너무 자기 주장이 과해too assertive'라는 피드백으로 바뀌기도 했다. 새로운 환경에 맞춰 적응하고 서로 상반된 피드백들 사이에서 정신없이 균형 잡기를 하던 어느날, 문득 이런 생각이 들었다. '나의 진정한 목소리가 뭐였더라?'

그룹 토론 시간이 되어 나는 이런 고민들을 털어놓았다. 너무 많은 문화권들을 왔다갔다하다 보니 내 안에 여러 목소리가 생겼고, 새로운 환경에 따라, 피드백에 따라 목소리를 바꾸려 하는 이 패턴이 진정한 나의 모습을 들여다보고 이해하는 데 다소 어려움으로 작용한다고 말이다. 그러자 같은 그룹에 있던 리더 한 명이 내게 이런 조언을 해주었다.

"나도 여러 문화권에서 자라면서 혼란스러웠는데 나중에 알고 보니 '진정한 목소리'라는 건 사실 '내용의 진정성'이 더 중요하더군요. 물론 음색, 억양과 단어 선택 등 목소리의 형태도 있지만 그건 문화에 따라 듣는 이를 고려하고 바꾸면 오히려 강점이 될 수 있어요. 지금 하고 있는 말의 내용에 진정성이 있다면 당신은 이미 '진정성 있는 목소리'를 가지고 있는 거예요."

그녀의 말을 듣자 조금은 안도감이 들며 자신감이 생겼다. 이미 진정성 있는 솔직한 내면의 목소리로 소통하고 있었으므로 나 스스로에게 조금 더 너그러워져도 되겠다는 생각 또한 들었다. 듣는 이에 따라 효과적으로 전달하고 유대감을 쌓기 위해 음색과 표현을 다르게 바꾸는 것이 나의 진정성을 해치는 행위는 아니라는 것을 깨닫고 나자 한결 마음이 편해졌다.

내가 했던 것처럼 여러분도 일의 방식에 따른 다양한 피드백을 호기심을 갖고 탐구하면서 적용해보기를 권한다. 상황과 피드백에 따라 목소리의 형태는 달라질 수 있지만 여러분이 말하고자 하는 메시지 '내용(언어든 제품이든 내가 만들어내는 모든 것)'의 진정성만 잃지 않으면 된다.

3

FLAT CULTURE

모두에게 변화에
기여할 기회가 주어진다

WHAT

1장에서 설명한 보텀업이 실무자가 작은 아이디어부터 키워나간다는 절차에 관한 업무 방식이라면 플랫 컬처flat culture는 조직의 모든 구성원들이 깊은 기회와 책임을 깆고 일하는 입무 방식을 뜻한다. 해결하고자 하는 문제에 따라 개인의 관심사나 강점이 달라 예상치 못한 성과를 이뤄낼 수 있으니, 처음부터 직책이나 경력에 제한을 두지 않고 모두에게 참여의 기회를 주는 것이다. 모두에게 기회를 똑같이 주고 조직의 잠재력을 최대로 발휘시키는 것이 바로 플랫 컬처의 핵심이다.

플랫 컬처에는 '좋은 아이디어는 언제, 어디서든지 나올 수 있으므로 일단 모두에게 기회를 주자'라는 철학이 바탕에 깔려 있다. 예를 들어 경력이 전무한 인턴이 조직에 큰 기여를 하는 좋은 아이디어를 가지고 있을 수도 있다. 제품 전략의 해결책이 전혀 다른 분야의 엔지니어나 마케팅팀 팀원의 피드백에서 시작될 수도 있다. 생각해보면 회사의 창업자인 마크 저커버그도 경력이라곤 아예 없던 시절에 앱을 만들어 회사를 운영했으니 이러한 철학에 있어서 가장 먼저 시범을 보인 사람인 셈이다.

플랫 컬처의 원칙

플랫 컬처가 성과로 연결되려면 일단 프로젝트를 시작할 때 모두에게 기회와 참여권을 주어 다양한 아이디어와 피드백을 수집해야 한다. 그다음 최대한 객관적인 결정 구조를 통해 목표를 달성한다. 시작할 때는 동등하게 기회를 주더라도 최종적으로는 성과에 직접 기여를 한 사람과 하지 못한 사람은 냉정하게 구분할 필요가 있다. 그래야 업무의 성과도 보장하고 유능한 직원의 동기부여도 계속 유지시킬 수 있기 때문이다.

이렇게 기회와 책임을 함께 주며 조직의 잠재력을 최대로 끌어올리는 것이 플랫 컬처를 만드는 핵심이라 할 수 있다('동등한 기회와 참여'와 중요한 쌍을 이루는 '책임 제도'에 관한 자세한 이야기는 이 책의 마지막인 7장에서 본격적으로 다룰 것이다).

- **동등한 기회** 직책이나 직무에 제한을 두지 않고 다양한 아이디

어와 목소리를 낼 수 있도록 한다. 개인의 의지와 관심사에 따라 더 기여할 수 있는 기회를 만들어준다.

- **차별화된 보상** 모두에게 동등하게 참여할 권리를 준다고 해도 성과에 대한 기여도는 천차만별일 수 있다. 결과물을 보고, 누가 얼마만큼의 공헌을 했는지 냉정히 평가하고 보상해줘야만 이 문화가 유지되고 좋은 성과로 이어질 수 있다.

메타는 어떻게 플랫 컬처를 만들었는가

그럼 이 같은 문화를 만들고 유지하기 위해 메타는 어떤 노력들을 해왔을까? 이 조직문화가 장기적으로 유지되고 활용될 수 있도록 메타는 다음과 같은 시스템을 구축했다. 이러한 시스템 덕분에 회사가 큰 규모로 성장했을 때도 특유의 플랫 컬처가 변질되지 않고 그대로 유지될 수 있었다.

직책을 세분화하지 않는다

메타의 직책 가운데 하나인 PM, 즉 프로덕트 매니저Product Manager를 예로 들어보자. 대부분의 실리콘밸리 회사에서는 흔히 프로덕트 전략을 짜는 책임자를 뜻하는 '프로덕트 매니저'와 기획 및 실행의 책임자를 일컫는 '프로젝트 매니저Project Manager'가 세분화되어 따로 존재한다. 하지만 메타에서는 프로덕트 매니저를 일컫는 PM이 그 두 가지 일을 동시에 맡는다. 프로덕트 전략과 실행에 대한 책임이 모두 팀원에게 있어 굳이 직책을 분리할 필요가 없기 때문이다.

또 다른 예로 디자인 직책을 살펴보자. 대부분의 IT 회사들이 '인터랙션 디자인interaction design'과 '비주얼 디자인visual design'을 세분화해서 나누는 반면, 메타에서는 '프로덕트 디자이너product designer'가 그 두 가지 일을 동시에 한다. 모든 디자이너가 프로덕트 디자이너라는 같은 직책을 갖고 있기 때문에 자연히 모든 디자이너에게 동등한 권한과 책임이 있다.

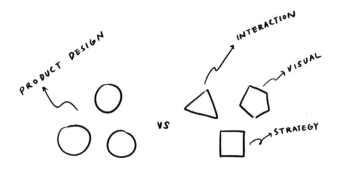

이렇게 직책을 일반화함으로써 자신의 강점이나 선호도에 따라 공헌할 수 있는 부분을 조금 더 유연하게 정의할 기회를 주는 방식이다. 예를 들어 한 팀에 디자이너가 두 명이 있으면 개인의 강점에 따라 어떤 디자이너는 제품 전략이나 인터랙티브 디자인에 더 집중을 하고 다른 디자이너는 비주얼 부분에 더 집중을 할 수 있다. 공식적으로는 둘 다 같은 책임이 있으니 '개인의 선호도와 팀 구성원에 따라 자율적으로 역할을 정의하고 협업하라'는 것이 메타의 방식이다.

직책의 레벨을 공개하지 않는다

메타도 다른 글로벌 기업들처럼 IC3~7로 시스템상 직급 레벨이 존재한다(IC는 전문 영역을 가지고 근무하는 직군을 뜻한다. 책 서두의 '주요 용어 설명' 참고). 하지만 이를 공개적으로 드러내 사용하지는 않는다. 본인과 팀장만이 서로의 레벨을 알 뿐이다. 시니어든 주니어든 모든 프로덕트 디자이너는 직책이 같고, 모든 소프트 엔지니어도 직책이 같다. 서로의 레벨을 모르는 상황에서 일하기 때문에 더더욱 모두의 의견을 같은 크기로 존중할 수 있는 것이다.

물론 경력이 많고 다양할수록 업무의 퀄리티가 높을 수는 있다. 하지만 경력이 훨씬 적은 팀원의 아이디어가 더 높은 퀄리티를 보이는 경우도 엄연히 존재한다. 그런 이유로 메타는 개인의 직책이나 경력보다는 객관적으로 합의한 결정 구조에 따라 '최선의 아이디어'를 가리는 것이 가장 좋은 결과를 낳는다고 믿는다. 이렇게 직책이

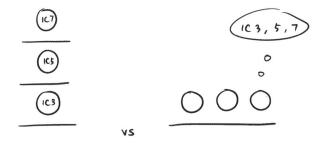

나 레벨에 신경 쓰지 않는 분위기를 조성하면 아이디어 자체에 집중할 수 있고 유연하게 협업함으로써 결과적으로 일의 성과도 높일 수 있다.

리더십의 개념이 다르다

많은 IT 회사에서 PM은 흔히 모든 프로덕트 팀의 중심으로 여겨진다. 실제로 실리콘밸리 회사들에서는 PM이 '한 팀의 CEO'라고도 불릴 정도로 팀 내에서 커다란 리더십과 결정권을 갖는다. 메타에서도 PM이 중심이긴 하지만 다른 회사들과 리더십의 개념이 많이 다르다. 아마존, 애플, 구글 등에서 메타로 이직해온 PM 동료들이 적응하는 데 시간이 걸리는 부분 역시 바로 이 지점이다.

메타에서 PM은 의사결정자 decision maker가 아니라 사회자 facilitator에 가깝다. 최종 결정을 내리는 사람이 아닌 팀이 함께 좋은 결정을 잘 내릴 수 있도록 이끄는 사회자라고 보면 된다. 따라서 팀장이 아이디어를 내고 팀원들이 그것을 실행하도록 리드하는 것이 아니라, 팀원 모두의 아이디어를 수집하여 그중에 최선의 선택을 할 수 있도록 그 '절차'를 리드하는 것이 PM의 책임이다. 그렇다고 PM의 의견은 중요하지 않다거나 배제해도 된다는 뜻이냐 하면 그건 아니다. 다른 팀원의 의견과 같은 중요도를 지니며 같은 절차를 거쳐 선택되도록 해야 한다는 의미다. 말 그대로 팀 구성원 모두가 '동등 flat'하다는 개념이다.

상사의 개념도 마찬가지다. 메타에선 매니저 혹은 팀장이 '윗사

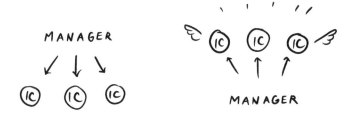

람'이라는 개념보다는 파트너나 서포터라는 개념이 강하다. 애플 같은 경우는 매니저가 과제의 방향을 지시하지만 메타의 매니저는 직원 스스로 방향을 찾도록 피드백이나 다양한 옵션들을 제공한다. 표현에 있어서도 사람을 '매니지한다'보다는 '서포트 한다'라고 말한다. 물론 부하직원의 경력과 성과에 따라 이 관계는 조금 달라질 수도 있다. 예를 들어 충분히 매니저가 될 만한 경력과 성과를 갖고 있지만 자신의 선택에 따라 실무 영역에서 전문가로 활동하는 직원 (Senior IC)은 더욱 자율적으로 일하면서 매니저와 수평적인 파트너십의 개념으로 일을 한다(이에 대한 설명은 승진의 두 갈래 길에 대해 설명하는 5장에서 더 자세히 다루겠다).

플랫 컬처에 대한 설명을 하다 보면 종종 이런 질문을 받곤 한다. "그러한 문화에서는 모든 결정에 시간이 더 많이 걸리니 일이 지체되지 않나요?" 혹은 "피곤하지 않나요?" 같은 질문이다. 사실 모두에게 같은 기회를 주고 의사결정권을 준다는 것은 그만큼 논쟁이나 갈등이 생길 여지도 많다는 뜻이다. 하지만 이런 조직문화를 여러 해에 걸쳐 실제로 경험해본 나는 이 플랫 컬처가 여러 면에서 훨씬 더 나은 결과와 과정을 보장했다고 믿는다. 그 문화를 실천하는 과정에서 생길 수 있는 잠재적인 문제들을 예방하고 극복하는 방법을 배웠음은 물론이다. 플랫 컬처가 갖는 장점과 문제점들을 다음 내용에서 하나씩 살펴보자.

WHY

좋은 해결책을 찾을 가능성이 커진다

플랫 컬처의 가장 큰 가치와 존재 이유는 절대적으로 더 좋은 해결책을 찾을 수 있다는 점이다. 비유컨대 깔때기를 통해 걸러지지 않은 다양한 아이디어가 많이 나올수록 해결책을 찾을 확률도 높아진다. 게다가 개인의 직책이나 레벨에 상관없이 관심사나 강점에 따라 참여할 수 있는 환경이라면 더더욱 그렇다. 문제 해결에 열정 있는 사람들이 스스로 뛰어드니 해결책을 찾겠다는 의지도 더 강한 것이다.

모든 구성원의 문제 해결력과 소속감을 높인다

영어에 'wear someone's hat(남의 모자를 쓰다)'이라는 표현이 있다. 다른 사람의 역할을 경험해본다는 뜻이다. 플랫 컬처에서는 모두가 PM의 기본 책임인 전략과 리더십을 조금씩 나눠 갖고 있는데, 바로 이 점이 팀 전체를 성장시키고 성과를 향상시키는 요인이라고 할 수 있다. PM에게 전적으로 책임을 지우고 의존하는 것이 아니라 모두가 'PM의 모자를 씀으로서wear PM's hat' 팀원들이 능동적으로 일을 해결하고 다 함께 성장하는 등 여러 이득을 경험하는 것이다.

나아가 자신의 아이디어가 최종적으로 채택되지 않았더라도 아이디어 발상부터 모든 과정에 참여하는 그 자체가 팀에 대한 소속감과 목표에 관한 책임감, 오너십을 고취시킨다. 그렇게 팀원 모두가 공동 오너십을 갖게 되면서 프로젝트 과정 전체에 더 적극적으로 참여하고 기여할 수 있게 된다.

결과의 질적 향상을 가져온다

한 프로젝트에 대한 팀 전체의 공동 책임감이 성공의 가능성을 높이고 프로젝트의 전체적인 품질을 향상시킨다. 여기서의 품질은 콘셉트의 혁신성을 비롯해 세부적인 요소 모두를 포함하는 말이다. 다양한 인생 경험과 배경을 가진 직원들의 아이디어가 자유롭게 논의되고, 서로 책임을 지는 문화 속에서 진행된 프로젝트가 혁신과 디테일이라는 두 마리 토끼를 다 잡을 수 있는 것은 어쩌면 당연한 결과가 아닐까 싶다.

사내정치가 줄어든다

사내정치를 경험해본 사람이라면 다들 알 것이다. 한 사람에게 발언권과 결정권이 과도하게 쏠리고 그 사람의 결정에 불만이 생길 때 조직에 분열이 발생한다. 그리고 그 같은 불만을 표현할 구조가 마땅치 않을 때 가십이 생기고 투명하지 못한 결정이 쌓이면서 해로운 문화가 자리 잡게 된다. 하지만 플랫 컬처가 보장된 곳에서는 이런 사내정치가 힘을 쓰기 힘들다. 이번 장에서 다룬 플랫 컬처의 철학이 2장에서 설명한 피드백 컬처와 제대로 결합이 되면 진정으로 모두의 의견이 존중되고 해결책도 민주적으로 찾을 수 있는 업무 구조가 자리 잡을 것이다.

실리콘밸리에선 어떻게 일하나요

잠재력 있는 직원을 빨리 성장시킬 수 있다

시니어 레벨 직원의 업무 능력을 유지시키는 것도 중요하지만 의지와 잠재력이 강한 젊은 직원을 성장시키는 것도 조직에 있어서는 매우 중요한 일이다. 플랫 컬처가 잘 작동하는 회사에서는 이제 막 일을 시작한 열성적인 사회 초년생들이 성말 깜짝 놀랄 정도로 빠르게 성장하곤 한다. 스스로 문제 해결하는 습관을 일찍부터 갖게 되고 자기 목소리를 제대로 내는 훈련을 매일 하다 보니 빨리 성장할 수밖에 없는 것이다. 이는 톱다운 문화와 수직적인 조직 구조에서 커리어를 시작한 사람과 비교해 엄청난 경쟁력으로 작용할 수 있다.

POTENTIAL PROBLEMS

목소리 큰 사람이 이길 수 있다

플랫 컬처에서 종종 문제가 되는 부분은 바로 목소리 큰 사람이 이길 수 있다는 점이다. 여기서 '큰 목소리'는 여러 의미를 내포한다. 단순히 정말 목소리가 큰 사람일 수도 있고, 새로 온 사람보다 이미 회사의 어려운 용어들과 조직구조를 잘 아는 사람의 의견일 수도 있다. 또는 쇼맨십과 프레젠테이션 능력이 출중한 사람의 의견일 수도 있다. 우리는 모두 인간인지라, 나도 모르는 사이에 암묵적인 편견에 영향을 받거나 시각적인 부분들에 휩쓸려 타당하지 않은 의견을 옳다고 판단하기도 한다. 이런 실수를 피하기 위한 몇 가지 간단한 팁이 있다.

1 **정보를 동등하게 제공하기** 모두에게 같은 정보를 제공해서 아이디어를 구상하고 의견을 정리할 기회를 보장한다.

2 **충분한 준비 시간 주기** 발표를 다소 어려워하는 사람은 그만큼 연습 시간도 더 필요한 법이다. 모두에게 충분한 발표 준비의 시간을 준다.

3 **말보다 글 활용하기** 회의에서 아이디어를 모아야 할 때, 그 자리에서 말로 표현하기보다 서로 각자의 의견을 종이에 적을 수 있도록 기회를 준다. 그래야 직책과 경력에 눈치 보지 않고 모든 사람의 의견을 동등하게 모을 수 있다.

4 **쉬운 용어 쓰기** 회사 내에서 최대한 전문용어와 줄임말을 사용하지 않도록 한다. 신입사원과 기존 사원 간의 차이에서 오는 차별을 막고, 더 효율적으로 아이디어들을 논의할 수 있기 때문이다(실제로 이 같은 이유로 일론 머스크의 회사들은 절대 줄임말을 쓰지 않는다고 한다.)

5 **경청 훈련하기** 온전히 집중하여 다른 사람의 말을 경청하는 것은 생각보다 무척 어려운 일이다. 그래서 더더욱 평소에 리더

십의 가장 중요한 요소 중 하나인 '경청 기술'을 훈련하며 의견을 끝까지 듣는 연습을 해야 한다.

6 **무의식적인 편견에 빠지지 않도록 훈련하기** 어떤 의견을 들었을 때 무의식적인 편견unintentional bias이 들어가지 않았는지 체크하는 습관을 기른다. '똑같은 말을 나이나 피부색이 다른 사람이 했어도 나의 의견은 시금과 같았을까', '어려운 전문용어에 휩쓸려 더 그럴싸하게 들린 건 아닐까' 등 자신의 편견을 다시 들여다보는 과정을 거쳐보기 바란다. 특히 당신이 관리자라면 성과에 대해 평가할 때 목소리 큰 사람에게 더 좋은 점수를 주고 있지는 않은지, 조용히 더 열심히 기여한 사람에게 낮은 점수를 매기진 않았는지 점검하고 공정하게 평가하도록 신경 써야 한다.

내향적인 사람들에게는 다소 힘든 회의

플랫 컬처에서는 기본적으로 굉장히 많은 양의 의견이 제시되고 논의된다. 이러한 문화는 결과적으로 아무리 이득이 많다 해도 과정 자체는 조금 피곤하게 느껴질 수 있는 것도 사실이다. 많은 의견을 모으고 논의를 통해 결정 내려야 하는 그룹 회의를 특히 내향적인 지원들은 조금 힘겨워하는 편이다. 나 역시 내향적인 성격이라 이를 극복하고 예방할 해결책을 꾸준히 고민하고 실험해보았다. 그 과정에서 아래와 같은 나만의 해결 방법을 발견할 수 있었다. 여기서 한 가지 당부하고 싶은 점은 이러한 개인적인 노력이 반드시 회사의 제도적인 노력과 동시에 이뤄져야 한다는 점이다.

1 **집중 시간(focus block) 철저히 보호하기** 매일 일정하게 집중할 수 있는 시간을 만들어 남들이 그 시간에 일대일 회의를 잡지 못하게 한다. 이렇게 혼자 조용히 생각하고 재충전할 수 있는 나만의 루틴을 만들고 이를 엄격하게 지킨다.

2 **'NO'라고 말할 수 있는 문화 조성하기** 회사나 팀장의 입장에서는 이런 직원들이 집중 시간을 통해 재충전하고 깊이 생각할 수 있도록 때론 특정 회의나 미팅을 빼줄 수도 있어야 한다. 다시 말해 정당한 사유가 있다면 회의에 빠지더라도 이를 용인해줄 수 있는 문화를 조성해야 한다.

3 **회의록 자세히 작성하기** 회의에 부득이 참여하지 못한 사람을 위해 모든 논의의 핵심 내용을 기록하는 제도를 만든다. 그렇게 함으로써 회의에 참여하지 않고도 업무에 공백을 느끼지 않고 언제든 의견을 말할 수 있는 기회를 준다.

실리콘밸리에선 어떻게 일하나요

TIPS

모든 책임과 기대치를 문서화한다

직책이 일반화되어 있고 개인의 의도에 따라 역할과 기여도를 유연하게 정의할 수 있는 플랫 컬처일수록 기대치를 문서화하는 일이 더욱 중요하다. 각 팀의 PM 또는 팀장은 프로젝트를 시작할 때 구성원의 의견과 의도를 정확히 이해하고 그들의 역할과 책임Roles and Responsibilitise, R&R을 문서로 적어놓아야 한다. 그래야 오해나 생각지 못한 일이 발생했을 때, 언제든지 그 문서를 참고하여 문제를 해결해나갈 수 있다. 문서의 종류는 다음과 같이 두 가지 관점으로 작성할 수 있다.

- **사람 관점** 각 개인마다 맡은 역할을 구체적으로 문서화한다.
- **업무 관점** 각 분야나 역할마다 맡은 사람이 누구인지를 문서화한다.

☑ TASK A - JANE   · JANE - TASK A

☑ TASK B - JOHN   VS   · JOHN - TASK B

☐ TASK C - JESS   · JESS - TASK C

물론 이 문서의 내용은 언제든 변화하거나 업데이트될 수 있으므로 그걸 누가 담당해서 기록할 것인지도 정해야 한다. 문서 소유자owner 한 사람을 정해두되, 그 사람이 모든 변경 사항을 파악하고 업데이트하기에는 물리적으로 불가능하니 팀원 모두가 자신의 업데이트 사항을 문서 소유자에게 보고하는 방식으로 하는 것이 좋다.

모든 역할과 책임 옆에 반드시 이름을 적는다

업무와 역할을 표기한 R&R 문서에 빠질 수 없는 것이 바로 DRI Directly Responsible Individual, 즉 각 책임자의 이름이다. 모두에게 업무 참여의 기회가 있지만 결국 끝까지 과제의 완성과 성공을 책임질 한 사람을 정해놓아야 한다. 별 것 아닌 차이처럼 보이겠지만 이름이 있을 때와 없을 때 책임의 의미는 완전히 달라진다. 이름이 있어야 "이 과제가 실패하면 이 사람한테 책임이 있다."라는 뜻이 부여되고 반대로 "이 과제가 망하면 이 사람도 망한다."라는 해석이 되면서 직접적인 평가와 연결이 되고 책임 구조가 강해진다.

최종 의사결정권자를 정해놓는다

팀 모두의 의견을 수집하고 결정을 하다 보면 종종 팀 내에서 의견이 반반으로 갈리는 경우가 있다. 이럴 때를 대비해서 미리 수습 방안을 정해놓아야 한다. 단일팀 혹은 협업하는 팀들보다 더 높은 체계에 있는 상사에게 최종 결정을 내릴 수 있는 구조를 만들어놓는 것이다. 뭔가 '윗사람에게 보고한다'라는 개념과 다르게 결정권을 팀 바깥으로 옮기는 합리적이고 객관적인 방법이라 할 수 있다. 진정한 플랫 컬처를 위해 굳이 한 사람에게 최종 결정권을 주기 싫다면 동전 뒤집기 등 다른 방법을 미리 합의해도 좋다.

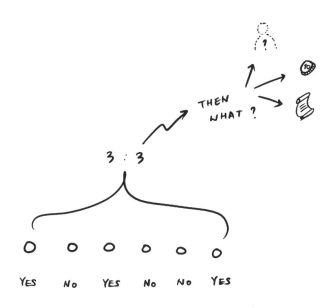

의견이 달라도 계속 지지한다

플랫 컬처와 반드시 공존해야 하는 문화가 있는데 바로 '의견 차이를 인정하며 나아가기agree to disagree and move on'이다. 여러 사람들의 의견이 충분히 논의되어야 하고 존중받아야 하지만 결국 최종 결정에 이르렀을 때 이에 동의하지 못하는 팀원들이 생기는 건 어쩔 수 없는 일이다. 이때 팀의 리더로서 상기해줘야 하는 문화가 바로 이 것이다. "우리가 선호하는 길은 달랐어도 결국 우리 팀의 목표(도착지)는 동일하다. 이번엔 자신이 가고 싶은 길이 아니었어도 순응하고 한 팀이 되어 돕는다." 리더라면 이런 팀워크와 공동 목표에 대한 메시지를 상기시킴으로써 팀의 분열을 막고 계속 하나의 팀으로 움직이게 해야 한다.

기여한 만큼 정확히 보상한다

기회가 동등하게 주어져도 결과적으로 성과에 공헌한 정도는 개인마다 다르기 마련이다. 이때 개인 성과에 대해 공정한 보상이 이뤄지도록 설계해야만 플랫 컬처가 지속적으로 좋게 유지될 수 있다. 어떤 프로젝트가 성공을 해도 그 팀원 모두의 역할과 공헌이 다르므로 팀원마다 평가가 달라야 한다는 얘기다. 팀장은 구성원들의 공헌도와 그에 따른 임팩트를 정확히 평가해야 하는데 이에 대한 내용은 7장에서 더 자세히 다룰 것이다.

조직문화에 적합한 리더십을 정의한다

플랫 컬처 안에서 발휘되는 리더십은 일반적인 조직에서 요구하는 리더십과는 그 개념이 조금 다르다고 앞서 이야기한 바 있다. 그런 이유로 메타는 채용 때부터 이러한 리더십의 가치관을 잘 이해하고 실행할 수 있는 사람을 찾고자 한다. 또한 조직의 리더들에게 시범을 보이도록 하여 자연스럽게 미래의 리더들도 교육시킨다.

주기적인 가지치기를 습관화한다

보텀업과 플랫 컬처처럼 모든 아이디어가 존중되는 문화의 조직에서는 자칫하면 프로젝트 양이 많아질 우려가 있다. 이를 방지하기 위해 주기적으로 프로젝트 '가지치기'의 시간을 마련한다. 가지치기에는 두 가지가 종류가 있다. 첫 번째는 조직 내의 서로 다른 팀에서 같은 프로젝트를 중복해서 진행하는 것을 방지하는 가지치기, 두 번째는 한 조직의 프로젝트 수가 너무 많아지는 것을 방지하는 가지치기다.

1 **중복되는 아이디어 가지치기** 중복되는 아이디어를 가지치기하기 위해서는 자신들의 프로젝트를 최대한 조직 전체에 일찍 공유하는 자세가 필요하다. 원래 중복되는 프로젝트는 일정 시점이 되면 하나로 합치고 나머지는 폐기하는 것이 맞지만 메타에는 특유의 철학이 있어 이를 너무 일찍 없애지는 않는 편이다. 이를 흔히 '저커버그의 철학'이라고들 부르는데, 같은 문제를 다루더라도 각 팀의 고유한 관점에 따라 서로 다른 해결책을

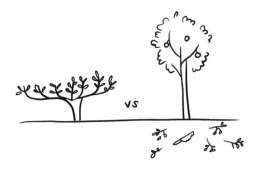

도출하리라고 믿기 때문이다. 다시 말해 팀원 개개인의 다양한 배경과 각 팀이 가진 강점 혹은 전문성에 따라 서로 다른 방향으로 프로젝트를 발전시킬 것이라는 믿음이 바탕에 깔려 있다. 메타는 이런 믿음으로 꽤 오랫동안 두고 보는 경향이 있다. 이는 마치 소비자로서 우리가 같은 기능을 가진 두 앱 중 한 앱을 다른 앱보다 선호하게 되는 것과 같은 원리다. 똑같은 문제에 대해서도 어떤 앱들은 특이하고 차별화된 해결책을 제시하거나, 심지어는 같은 해결책도 쓰기 쉽다거나 예쁘다는 등의 디자인 차이로 인해 차별화된다. 이처럼 저커버그는 이것도 중요한 배움의 과정이라 생각하여 한 문제를 가지고 여러 팀이 동시에 접근하는 것을 막기보단 오히려 장려한다. 실무자 입장에선 사실 좀 복잡할 수 있고 필요 이상으로 경쟁심이 유발되기도 하지만 결국 더 혁신적인 결과를 찾게 되는 길이기도 하다.

물론 어느 시점이 되어서는 결국 중복되는 아이디어 중 한 가지만 남기고 가지치기를 해야 한다. 여기서 꼭 기억해야 할 점은 첫째, 너무 일찍 막으려 하지 말고 둘째, 공동의 목표를 함께 공유함으로써 오랫동안 협업하라는 것이다. 경쟁심을 버리고 입무 파정 중 서로 배운 네이터를 공유하면 오히려 더 좋은 시너지가 생길 수 있다.

2 **너무 많은 아이디어 가지치기** 한 팀에 너무 많은 프로젝트가 몰리면 각 프로젝트의 성공률이 낮아질 위험이 있다. 따라서 각 레벨의 리더들은 주기적으로(분기 혹은 반기마다) 전략의 우선순위를 논의하고 가지치기를 해야 한다. 이때 가장 중요한 점은 그 우선순위를 정하는 기준의 공정성과 투명성이다. 어떤 리더 한 사람의 마음에 들어서, 또는 마음에 안 들어서라는 이유로 가지치기가 이뤄지는 사례가 반복되면 그때부터 사내정치가 발생한다. 그러면 팀들은 혁신적이고 독창적인 프로젝트보다는 특정 사람의 선호에 맞는 프로젝트에만 집중하게 되고 결국엔 소비자에게 가치를 주는 제품과 점점 멀어지게 된다. 이는 장기적으로 조직의 성과 하락이라는 부정적인 결과를 가져오니 최대한 객관적인 구조와 절차로 진행되어야 한다.

STORIES

주기적인 기회의 광장, 해커톤

모든 사람들에게 자신의 아이디어를 제시할 기회가 주어지고 똑같이 존중받는 이 플랫 컬처의 가장 대표적인 사례가 메타의 '해커톤 Hackathon'이다. 회사의 모든 직원이 참여 가능한 이 행사에는 아무런 제약도 존재하지 않는다. 어느 분야든 아이디어가 있는 사람은 프로토타입을 만들어 회사의 리더들에게 피칭할 수 있다. 메타는 이러한 프로그램을 회사 곳곳에 많이 만들고 흔히 접하도록 하면서 창업가 정신을 길러주고, 그 정신이 모든 제품 제작 과정에 배어나도록 한다.

이 해커톤의 장점은 두 가지 관점에서 살펴볼 수 있다. 첫 번째는 자신이 속한 팀이 진행하는 프로젝트 이외에도 자신만의 관심사나 강점에 기반하여 스스로 자신의 길을 개척할 기회를 선사한다는 것이다. 자신의 영역이나 책임이 아닌 부분의 일을 해커톤을 통해 시도함으로써 더 관심 있고, 잘하고, 좋아하는 일을 찾을 기회가 생긴다. 결과적으로 개인 성장에도 회사 성과에도 모두 이득이다. 두 번째는 해커톤에서 선정된 아이디어를 프로토타입과 함께 회사의 가장 높은 리더에게 직접 선보일 수 있다는 점이다. 이 역시 직원에게는 의미 있는 성장의 기회가 되고 임원들에게도 다양한 아이디어를

실리콘밸리에선 어떻게 일하나요

실무자들로부터 직접 들을 수 있는 가치 있는 시간을 선물한다.

해커톤의 첫 번째 이점과 관련한 에피소드를 하나 들려주겠다. 내가 AI팀에서 일했던 시절 고용한 디자이너의 이야기다. 당시 나는 소프트웨어 프로덕트 디자이너를 찾고 있었는데 회사의 다른 팀에서 일하는 하드웨어 프로덕트 디자이너 한 명이 우리 팀에 큰 관심을 보였다. 처음 그의 연락을 받았을 땐 당연히 조건에 맞지 않는다고 생각해 거절했다. 그러나 그의 꾸준한 설득 끝에 결국 생각을 바꿨다. 메타 입사 전부터 그는 이미 하드웨어와 소프트웨어를 동시에 다룬 경험이 있었을 뿐 아니라, 메타 내에서도 기회만 있으면 동료들과 새로운 콘셉트를 디자인하고 해커톤 같은 기회에 적극 참여하며 소프트웨어 디자인 기술을 연습할 기회를 스스로 끊임없이 만들었다고 했다. 그런 프로젝트 진행 사례를 보면서 나는 그가 우리에게 필요한 전문성을 가졌다는 데 확신을 가졌고 기회를 스스로 만들어가는 모습이 보기 좋았다. 그렇게 인터뷰를 한 끝에 결국 생각지도 못했던 채용 결정을 내렸다. 그는 훗날 우리 팀에서 공식적인 직책을 가진 프로덕트 디자이너가 되었고 엄청난 속도로 성장하면서 디자인 리드가 되더니 불과 몇 년 만에 팀장으로까지 성장하게 됐다.

해커톤의 두 번째 이점과 관련한 에피소드는 나의 남편의 이야기다. 같은 회사에서 오래 함께 일한 남편은 메타에 입사한 지 6개월도 채 되지 않았을 때 해커톤을 통해 동료들과 함께 앱의 프로토타입을 만들고 톱 10에 선정되어 저커버그에게 직접 발표를 하고 일대일 피드백을 받는 특별한 기회를 얻은 적이 있었다. 저커버그 역시 평소엔 대면하기 힘든 직원들과 직접 만나서 그들의 다양한 아이디어를 주기적으로 들으면서 미래 전략에 대한 영감도 받고 직원들과 유대를 쌓기도 한다.

이렇게 주기적으로 개최되는 사내의 해커톤 행사는 회사에 속한 모든 사람에게 자신의 아이디어를 표현하고 발전시킬 수 있는 기회를 열어주고, 모두에게 문제 해결 능력의 근육을 키워주며, 새로운 커리어 기회를 만들 가능성을 열어준다. 플랫 컬처를 실천할 수 있는 중요한 훈련소인 셈이다.

'구체적'이라는 표현의 기준은?

메타의 모든 엔지니어들은 소프트웨어 엔지니어, 모든 디자이너들은 프로덕트 디자이너라고 불린다. 이렇게 서로의 레벨을 모르는 상태에서 같은 직책을 달고 함께 일하다 보니 역할과 책임을 뚜렷하게 분담하는 것이 매우 중요하다. 앞서 프로젝트에 대한 기대치와 역할을 문서화하는 것의 중요성을 설명한 바 있지만 문서의 '세부 사항'이 얼마나 중요한지에 대해서는 대부분의 사람들이 잘 알지 못한다. 나 역시 어떤 사건 후에 이 점을 절실히 깨달았는데 이 깨달음 덕분에 이후 나의 일이 훨씬 더 수월할 수 있었다.

2018년 검색팀 팀장으로 일할 당시 규모가 큰 프로젝트 하나를 맡게 되었다. 그 프로젝트는 굉장히 큰 투자금이 들어갔을 뿐 아니라 뉴스팀, 검색팀, 뉴스피드팀, 광고팀과도 관련된 일이라 협업할 팀의 숫자도 많았고 보는 임원들의 눈도 많았다. 이렇게 규모가 크고 거의 무에서 유를 창조하는 종류의 프로젝트일수록 이와 관련된 팀원들의 역할과 책임을 분명히 잡아놔야 한다.

그 프로젝트를 위해서 나는 디자인팀 직원 다섯 명을 모아 팀을 만들었다. 프로덕트의 2년 후 비전을 세우는 것부터 몇 달 후 론칭할 첫 번째 베타테스트의 프로토타입까지 모든 업무를 다섯 명이 짧은 기간에 해내야 했다. 그 팀에는 프로덕트 디자이너 세 명, 그리고 디자인 프로그램 매니저와 콘텐츠 디자이너가 각각 한 명씩 있었다.

디자인 프로그램 매니저와 콘텐츠 디자이너는 직책과 책임이 서로 달랐기 때문에 나는 프로덕트 디자이너로 불리는 세 명의 역할을 나누는 일에 집중했다. 각자의 레벨과 강점을 다르게 배치해 가장 효과적인 협업의 구조를 설계하려 했고, 각각이 맡은 부분도 개인의 관심사와 강점에 따라 정확히 나누었다. 예를 들어 비주얼 디자인 능력이 출중한 한 명에겐 전체적인 새로운 디자인 언어와 획기적인 레이아웃의 옵션을 생각하도록 했고 인터랙티브 디자인 쪽에 강점이 있는 다른 한 명에겐 제품의 전체적인 설계도를 담당하게 했다. 또 다른 한 명은 프로토타입의 귀재라 이 모든 옵션들을 빨리 프로토타입으로 만들어보며 테스트를 할 수 있도록 일을 나누었다. 이 정도면 꽤 '구체적으로' 각자의 역할과 책임R&R을 분담한 거라 생각하고 프로젝트를 시작하려던 차였다.

하필 그 시기에 나의 상사가 갑자기 바뀌었다. 새로운 상사는 구글에서 오래 일했으며 메타에서 디자인 시스템에 큰 공헌을 한 디렉터로, 자기 주장과 스타일이 강한 완벽주의자로 이미 명성이 자자했다. 그를 제이슨이라고 하자. 제이슨은 곧 나에게 이 프로젝트 구성원과 전략에 대해 물어봤고 R&R의 문서가 조금 미흡하다며 더 '구체적으로' 써오라는 피드백을 주었다. 늘 남들보다 이런 문서를 잘 만든다고 피드백을 받던 나인데 제이슨의 기준은 조금 다른 것 같아서 나는 예시 문서를 보여달라고 부탁했다.

그때 제이슨이 내게 보여준 문서는 내 생각보다 훨씬 세부적으로 구성되어 있었다. 그와 내가 말한 '구체적으로'는 엄연히 달랐다. 나는 그 문서를 복사한 다음, 우리 팀 상황에 맞게 몇 군데를 수정해 우리 팀만의 R&R 문서를 만들었다. 거기에는 다음과 같은 내용들이 담겨졌다.

- 업무를 쪼개서 각 담당자에게 세부 오너십을 부여한다.
- 각 업무마다 품질을 책임질 총 책임자를 정한다.
- 폴더 및 문서 정리의 권한을 갖는 문서 소유자를 정한다.
- 회의에서 누가 발표를 리드할 것인지 정한다.
- 누가 회의록을 적고 팀에 공유할지 정한다.
- 이상과 같은 책임과 역할을 매일 혹은 매주 온라인으로 간단히 공유하는 방법을 미리 정한다.

이것은 당시 그 문서의 반의 반도 안 되는 내용이다. 실제 문서에는 정말 한 치의 오해나 혼란도 없도록 내용이 무척 구체적으로 적혀 있었다. 게다가 이 모든 것을 업무 위주로도 쪼개보고, 사람 위주로도 쪼개어 필요에 따라 볼 수 있는 두 가지 타입의 문서로 분류하기도 했다. 결정적으로 모든 업무 옆에는 각 책임자의 이름을 적어 어떤 일의 책임자가 누군인지 명확히 알아볼 수 있었다.

처음엔 꼭 이렇게까지 해야 하나 하는 생각이 들었던 것도 사실이다. 그러나 이렇게 구체적으로 문서화하고 나니 프로젝트 진행 과정 전체에 걸쳐 역할과 책임에 대한 오해의 소지를 거의 완벽하게 제거할 수 있었다. 모든 프로젝트마다 반드시 생기기 마련인 '어? 난 내가 해야 되는지 몰랐는데?' 식의 변명이 깨끗이 사라졌다. 해당 팀엔 다양한 디자이너들이 모여 있었지만 사전에 각자의 역할과 기대치를 정해놓은 덕분에 팀원 간의 협업도 훨씬 원활히 이루어졌다. 사소한 갈등으로 인한 문제도 발생하지 않아서 리더로서 팀을 위해 더 효과적으로 시간을 쓸 수 있었다. 물론 이러한 R&R 문서의 디테일들은 우리 팀 전체, 그리고 개개인과 상의하면서 정하도록 했다. 플랫 컬처로 일하기 위해서는 이렇게 서로 합의하는 과정이 중요하다.

동등하다는 의미의 플랫 컬처가 겉으론 자율적으로 보이지만, 사실 그 안엔 막대한 책임이 있다는 걸 똑똑히 보여준 사례였다. 한 팀으로서 팀의 필요에 맞게, 혹은 자신의 관심사와 강점에 맞게 자기의 역할을 조정하고 프로젝트가 끝날 때까지 그 약속을 지키는 것이 바로 플랫 컬처가 성공적으로 작동하는 핵심 동력이다.

기회는 스스로 만들거나 요구해도 된다

회사를 다니다 보면 자신의 직책과 레벨이 있지만 원하는 것에 따라 더 많은 기회를 요구하는 사람들을 만나게 된다. 원래 자신의 영역이 아닌 부분에 관심이나 강점을 가진 사람도 있고, 원래 자신이 맡은 영역인데 업무가 잘 맞지 않는 사람들도 있다. 이런 이유로 정해진 직책과 업무에서 벗어나 다른 일을 시도해볼 수 있는 기회를 만들어주는 것도 매우 중요하다. 플랫 컬처가 바로 이러한 시도를 가능케 만든다. 이번 에피소드는 원래 자신의 레벨에 맞는 업무가 아닌데 관심사에 따라 도전을 한 신입사원의 이야기다.

메타에선 매년 인턴과 대졸 신입사원을 의무적으로 몇 명씩 뽑곤 한다. 이들은 여러 팀에서 돌아가며 일하게 되고 각 팀들은 이들을 코칭하고 성장시켜야 하는 책임이 있다. 해야 할 일의 범위가 점점 넓어지고 어려워지던 중 마침 우리 팀에 신입사원이 들어왔다. 그 신입사원의 이름을 스티브라고 하자. 당시 우리가 진행하던 프로젝트는 꽤나 까다로운 작업이어서 IC4~5 레벨은 되어야 할 수 있는 일이었다(IC3은 경력 제로의 주니어 레벨이고 IC4는 미드 레벨, IC5는 시니어 레벨이다. IC 레벨에 따른 책임과 역할의 차이는 175쪽 Author's Note '기대치의 형태 은유법'을 참고하기 바란다). 스티브의 레벨은 IC3밖에 되지 않았기에 각자의 레벨에 맞춰 일을 맡겨야 할 책임이 있는 나로선 참 난감했나. 그런데 스티브가 그 프로젝트에 대한 소식을 듣고는 나한테 오더니 자기가 해보고 싶다고 말하는 게 아닌가? 처음엔 도저히 불가능하다고 생각했지만 지난 몇 주간 그의 일을 지켜보니 이미 기대치에 비해 두세 배의 속도와 퀄리티로 일하고 있었다. 스티브도 자기가 할 수 있을 것이라며 계속해서 관심을 표현했다.

나는 결국 성과를 내지 못하면 스티브뿐 아니라 나도 함께 책임을 지기로 하고 정확한 프로젝트의 기대치를 정해준 다음, 레벨이 높은 디자인 멘토 두 명을 스티브에게 붙여주었다. 반드시 그 멘토들에게 디자인에 대한 피드백과 검토를 받으며 진행하라고 했고, 스티브의 PM 파트너에게도 꼭 도움을 주라고 당부했다. 마침 PM 파트너가 경력이 많고 일을 잘하는 사람이라 나는 조금 안심한 상태로 결정을 내렸다.

이 에피소드의 결과는 어떻게 되었을까? 그는 정말 놀라운 성과를 냈다. 그의 멘토들도 이제 대학을 졸업한 사람이라고 생각되지 않을 만큼 실력이 있다며 스티브를 칭찬했다. 디자인에 필요한 프로토타입 제작을 위한 프로그램도 며칠 만에 터득해서 사용하는가 하면(원래는 몇 달씩 걸리는 일이다) 디자인 옵션도 아주 많은 걸 시도해 결정을 내렸고 상부에 보고할 자료도 남들보다 훨씬 더 꼼꼼히 준비했다. 그리고 실제로 임원들 앞에서 좋은 디자인 솔루션을 가지고 발표도 했다. 분명 레벨 4~5가 할 수 있는 일이었지만 그는 자신의 일을 놀랍도록 잘해냈다. 그리고 이렇게 2분기 연속 자신의 레벨 이상의 기대치를 소화하는 모습을 꾸준히 보여주어 결국 1년 만에 승진도 하게 되었다.

이런 사례를 몇 번 경험하고 나자 모두에게 기회를 주는 플랫 컬처의 매력을 더 명확히 느낄 수 있었다. 일단 기회의 문이 모두에게 열려 있으면 생각지도 못한 팀원이 생각지도 못한 성과를 낼 수도 있다.

새로운 가지를 위해 오래된 가지를 쳐낸다

앞서 언급했듯이 보텀업과 플랫 컬처가 강한 조직에서는 자칫 프로젝트의 종류와 양이 너무 많아질 수도 있다. 이미 연간 로드맵에 잡힌 프로젝트들도 있지만 해커톤이나 개인적인 관심에 의해 늘 예상치 못했던 프로젝트가 생겨나곤 한다. 그렇게 한 조직의 프로젝트 개수가 늘어나면 질적 완성도를 보장하기 힘들어질 수밖에 없다. 그러므로 주기적으로 가지치기 작업을 해줘야 한다.

'가차 없는 가지치기'를 경험하기 전까지는 나도 이 제도의 방법과 효과를 제대로 이해하지 못했다. 주기적인 가지치기는 거의 6개월~1년

마다 리더들이 모여서 소수의 중요한 프로젝트를 정하고 나머지는 제거하는(보류라고도 하며, '주차장'이라고도 불리는 폴더에 보관하여 나중에 언제든지 다시 시작할 수 있게 한다) 절차로 이루어진다. 하지만 나는 실제로 정말 가차 없이 프로젝트를 제거한 팀을 본 적은 없다. 마음이 약해서인지, '그래, 조금만 더 해보자'는 식의 결론이 대부분이었고 '가지치기' 절차를 거친 후에도 그다지 날라져보이는 것이 없었다.

그런데 한번은 조직 개편이 일어나면서 우리 팀이 완전히 새로운 조직의 리더 밑으로 들어가게 된 일이 있었다. 그 팀의 '가지치기'는 정말 가차 없었다. 약 300명이 모인 새로운 조직에서 중요한 프로젝트 세 개를 제외하곤 거의 다 가지치기를 해버린 것이다. 구성원들은 모두 그 세 개의 프로젝트로 재배치됐고 이로 인해 프로젝트를 잃게 되어 불만을 갖게 된 사람들은 다른 팀으로 떠났다. 처음엔 예전 우리 팀원들에게 기존에 하던 프로젝트가 가지치기 됐다고 말해야 하는 상황이 미안했다. '네가 그동안 수고했던 프로젝트는 이제 없어졌다. 이제 하루아침에 새로운 프로젝트로 이전해야 한다'는 소식을 어떻게 편하게 전할 수 있겠는가? 당시엔 무척 괴로웠다.

하지만 그 가차 없는 가지치기의 효과는 몇 달이 지나자 명확히 나타났다. 그전까지 나는 늘 조직의 수많은 프로젝트를 성장시키고 유지하느라 시간에 쫓기며 일하곤 했다. 다시 말해 늘 벌려놓은 일들을 수습하는 느낌이었다. 그러나 대대적인 가지치기 후 새로운 조직으로 가게 되면서부터 처음으로 미리 앞을 내다보며 일할 수 있었다. 내가 맡은 프로젝트의 성공을 보장할 전략을 세울 수 있는 모드로 전환된 것이다. 자연스럽게 리서치를 좀 더 신중하게 진행할 수 있었고 사용자들에게 피드백을 받을 시간도 많아졌다. 디자인 옵션도 더 여러 가지를 시도해 최종 결정을 내릴 수 있어서 결과의 퀄리티 또한 높일 수 있었다. 그때 당시 론칭한 프로젝트가 AI를 활용해 사람들의 관심사를 확장시킬 수 있는 페이스북 앱의 첫 '디스커버 프로덕트'였다.

그리고 뒤돌아봤을 때 그 프로젝트를 진행했던 몇 달이 팀의 전체적인 만족도와 협동심, 그리고 일에 대한 성취감까지 가장 높았던 시간이었다. 이렇게 결정의 이유만 분명하다면 최대한 가차 없이 가지치기를 해서 '적은 일을 더 잘하기Do fewer better'를 권한다.

Author's Note 반창고는 한 번에 확 떼버려라!

가지치기와 관련해서 '적은 일을 더 잘하기' 다음으로 중요한 표현 한 가지를 또 이야기하고 싶다. 영어로 'Rip the bandaids(반창고는 빨리 떼라)'라는 표현인데 우리말로 '쇠뿔도 단김에 빼라'와 비슷한 맥락의 표현이다. 즉, 어려운 결정일수록 빨리 진행하라는 것이다. 내 상사 중 한 명에게 배운 표현인데 어려운 결정을 앞두고 실제로 많은 도움을 받았다. 열심히 시간과 에너지와 열정을 쏟은 프로젝트를 여기서 그만둬야 한다는 소식을 부하직원에게 전해야 하는 리더의 마음은 늘 편치가 않다. 이를 두려워한 나머지 고민만 하다가 결정이 늦어질 수도 있는데 결코 좋은 방법이 아니다. 지체되면서 그 시간에 소모되는 리더의 에너지도 상당하다. 부디 어려운 소식일수록 빨리, 정확하게 전하고 직원을 다른 방향으로 나아가게 하는 리더십도 중요하다.

실리콘밸리에선 어떻게 일하나요

모든 사람에게 열려 있는 '주커버그의 투명한 어항'

플랫 컬처와 수평적인 리더십 구조를 상징적으로 드러내주는 간략한 사례를 마지막으로 소개한다. 메타에 다닌다고 하면 가장 많이 듣는 질문 중 하나가 '저커버그 직접 본 적 있어요?'이다. 메타에 입사했을 때 내 자리는 저커버그의 자리에서 불과 5미터도 안 되는 거리였다. 흔히 회사의 C 레벨 임원들은 회사 빌딩에서 가장 전망이 좋고 프라이버시가 보장된 소위 '코너 오피스corner office'에 있기 마련인데 저커버그는 그렇지 않았다. 그는 개인 사무실이 없었을 뿐만 아니라 책상 역시 넓은 사무실 한복판, 그것도 복도 가까운 곳에 놓여 있었다. 여느 직원들이 사용하는 것과 똑같은 책상을 사용했음은 물론이다. 대신 언제든지 사용할 수 있는 개인 '미팅룸'이 그의 책상 옆에 마련되어 프라이버시가 필요한 대화는 그 안에서 할 수 있도록 되어 있었다.

여기서 더 놀라운 것은 그의 개인 미팅룸 사방이 모두 유리로 돼 있어서 누구와 이야기하고 있는지, 스크린에는 어떤 내용이 띄워져 있는지를 다 볼 수 있었다는 점이다. 정말이지 물고기가 들어 있는 투명한 어항처럼 생겨서 우린 그 미팅룸을 비공식적으로 '주커버그의 어항'이라 불렀다. 아주 예외적으로 블라인드를 내린 채 이뤄지는 미팅도 있긴 했지만 1년 동안 내가 지켜본 바, 그건 손에 꼽을 정도로 아주 적었다.

한 글로벌 기업의 CEO가, 지나다니는 사람들의 시선이 엄청나게 불편할 게 뻔한데도 이렇게 한 이유는 단 하나다. 바로 말이 아닌 행동으로 보여주기. 메타가 중요하게 여기는 두 가지 가치관 즉, '동등함'과 '투명함'을 가장 높은 자리에 있는 리더가 몸소 시범을 보이는 것만큼 더 효과적인 방법이 또 있을까?

4

MANAGE UP

내 상사는 내가 관리한다

WHAT

CEO나 프리랜서가 아닌 이상 조직에 속해 일하는 모든 사람에겐 상사가 있다. 그리고 우리가 회사에서 함께 가장 많은 시간을 보내고 가장 많은 상호작용을 하는 대상도 바로 직속 상사다. 따라서 상사와 좋은 관계를 형성하는 것은 우리가 하는 일 자체는 물론, 회사생활과 일상생활에까지 적지 않은 영향을 끼친다.

앞에서는 주로 리더의 입장에서 조직문화를 제대로 설립하고 관리하는 법에 대해 이야기했다면 이번 장에서는 실무자의 입장에서 상사와의 관계를 잘 정립하여 일의 효율성과 회사생활의 만족도를 높이는 전략에 대해 이야기하려 한다.

매니지업은 말 그대로 '상사를 관리한다'는 뜻이다. 이 말을 처음 들으면 조금 이상하게 느껴질 수 있는데 사실 이는 '상사가 나를 잘 도와주도록 내가 상사를 돕는다help your manager help you'는 의미에 가깝다. 여기서 '상사를 돕는다'는 말은 다음의 세 가지 측면에서 살펴볼 수 있다.

- **정보 제공** 상사가 알아야 할 정보를 먼저 제공한다.
- **도움 요청** 상사에게 받아야 할 도움을 스스로 요청한다.
- **피드백 요청과 제공** 상사에게 먼저 피드백을 요청하고 또한 제공

한다.

우리가 하는 대부분의 업무는 결국 상사와의 상호작용 속에서 이루어진다. 이때 그 과정의 '주도권'이 부하직원에게 있다는 생각에 기반한 문화가 바로 매니지업이다. 다시 말해 업무와 관련한 중요한 정보를 상사에게 제때 제공해서 나중에 도움이 필요할 때 쉽게 요청할 수 있고, 상사의 도움이 어떤 영향을 주었는지 피드백을 주며 이 사이클을 지속시키는 것을 '매니지업한다'라고 표현한다.

나의 메타 생활은 매니지업 컬처를 이해하기 전과 후로 나뉜다고 해도 과언이 아니다. 예전엔 일을 하다가도 문득문득 '내가 잘하고 있는 걸까?' 하는 궁금증이 일었다. 하지만 이런 나의 궁금증과 불안을 확신으로 바꿀 수 있는 수단이 바로 매니지업 컬처라는 것을 깨닫고 나서부터는 매 순간 '내가 잘하고 있구나' 하는 확신을 가질 수 있었다.

커리어적으로 급격한 성장을 경험하게 된 것도 바로 이때부터였다. 매니지업은 개별적 업무와 성과 관리뿐 아니라 자신의 커리어 관리에도 적용된다. 커리어에 대한 자신의 포부와 방향은 자신이 제일 잘 알기 마련이다. 상사에게 자신에 대한 정보를 제공하고 도움을 요청하며 커리어 달성의 주도권을 스스로 갖는 것 또한 매니지업의 하나다. 나는 이 사실을 깨닫고 활용하면서부터 업무 성과와 더불어 회사생활의 만족도가 훨씬 더 향상됐다. 내가 혼자 힘으로 해결하지 못하는 일에 직면하면 도움을 요청할 수 있고, 그렇게 상사와 주변 임원들의 도움을 제대로 받으니 어떤 문제든 해결할 수 있다는 걸 알게 되었기 때문이다.

매니지업의 세 가지 원칙

앞서 설명한 '상사를 돕는다'는 말의 세 가지 측면 즉, 상사에게 제공해야 할 세 가지 사항을 좀 더 구체적으로 살펴보자.

1. 정보 제공

- **방향성 '어디로 가고 싶은가?'**
  제일 먼저 자신의 커리어 비전에 대해 그림을 그리고 이를 상사와 함께 소통한다. 만약 아직 커리어 비전이 잡히지 않았다면 강점과 가치관을 공유하여 상사와 함께 비전을 세워가도 좋다. 장기적인 커리어 목표가 생겼다면 현재 업무 내용이 그 방향성과 일치하는지 주기적으로 체크한다.

- **강점과 관심사 '무엇을 잘하고 좋아하는가?'**

시니어 레벨일수록 강점을 최대한 발휘할 수 있는 프로젝트를 맡아서 시너지를 높이는 것이 중요하다. 기술적인 강점 외에 관심 있는 분야의 프로젝트를 맡을 때 훨씬 좋은 시너지가 날 수 있으므로 평소에 상사에게 자신의 관심사를 자주 표현하도록 한다. 프로젝트 배분에도 도움이 될 뿐 아니라 인간적으로 서로 더 잘 알게 되어 연대감을 쌓는 데도 효과적이다.

- **업무 결과 기대치 '어떤 결과를 성공으로 보는가?'**

모든 일은 시작하기 전에 결과에 대한 기대치를 정확히 짚고 넘어간다. 예를 들어 이번 프로젝트에서는 무엇이 성공이고 무엇이 실패인지 구체적인 예시를 통해 정의하고 합의한다. 또한 그 과정에서 서로 다른 관점이나 더 나은 방향을 발견하기도 한다.

- **업무 스타일 기대치 '어떻게 하는 것이 잘하는 것인가?'**

같은 목표와 기대치를 달성하기 위하여 어떤 방식으로 일하고 소통하는 것이 좋은지 정한다. 구체적으로 일주일에 몇 번, 언제, 어떤 방법으로(채팅, 이메일, 대면 등) 소통하길 원하는지 서로 미리 합의한다.

- **업무 진행 과정 '현재 어떻게 되어 가고 있는가?'**

  상사가 물어보기 전에 상사가 알아야 할 업무 정보를 미리 제때 전달한다. 상사가 마치 자기 업무인 것처럼 내용을 줄줄이 설명할 수 있을 정도로 반복해서 전달한다. 처음에는 별다른 도움이 필요 없다고 느꼈더라도 이런 정보 전달 과정에서 종종 자신에게 도움이 필요한 부분을 발견하게 되는 경우도 있다.

- **업무에 관한 감정과 개인 생활 '난 지금 어떤가?'**

  팀 내 갈등, 기대치와 다른 자신의 경험과 감정, 아니면 업무에 지장을 주는 개인 사정, 이런 모든 것들을 솔직하게 공유한다. 이렇게 평소에 틈틈이 상사와 신뢰를 쌓아놔야 리스크도 예방할 수 있다.

2. 도움 요청

- **도움 요청 '지금 난 무슨 도움이 필요한가?'**

  지금 어떤 어려움이 있고 어떤 도움이 필요한지 제때 소통하고 요청하도록 한다. 직급이 높은 IC일수록 문제를 미리 예측하고 그 해결책까지 생각해서 제시해야 할 책임이 있다. 여기서 도움은 비단 업무적인 부분에 국한되지 않는다. 문제가 생겼을 때 해결책을 찾기 위해서뿐만 아니라 일반적인 회사생활 개선을 위해서도 도움을 요청할 수 있다.

3. 피드백 요청과 제공

- **피드백 요청 '내가 지금 잘하고 있는가?'**

  상사에게 자신의 기대치를 상기시키며 '기대치 대비 나의 성과는 어떤가?' 하는 피드백을 늘 요청한다. 업무가 끝날 때까지 기다릴 필요 없다. 꾸준히 피드백 시간을 가지며 서로의 기대치를 이해하고 업무 내용들을 늦기 전에 조율해 나가는 것이 중요하다. 상사가 먼저 피드백을 주지 않더라도 주기적으로 피드백을 요청해야 할 책임이 부하직원에게 있음을 기억하자. 그래야 상사가 당신의 성과에 대한 이해를 계속 가지고 갈 수 있다.

- **피드백 제공 '상사는 지금 잘하고 있는가?'**

  상사가 준 도움에 대해 피드백을 제공하면서 상사가 앞으로 나를 더 잘 도와줄 수 있도록 돕는다. '저번에 준 어떠어떠한 도움이 이러이러한 결과를 가져오게 되어 참 고마웠다' 식으로 최대한 구체적으로 행위의 예시를 들어 피드백을 주면 기억하고 반복하는 데 더욱 효과적이다.

지금쯤 감을 잡았겠지만 이 문화는 그 일과 가장 가까이 있는 사람에게 주도권을 주는 보텀업 컬처, 그리고 투명하게 소통하는 피드백 컬처와 함께 이뤄질 때 제대로 작동할 수 있다. 매 챕터마다 새로운 조직문화가 소개될수록 이 문화들의 연관성과 통합의 중요성도 차차 그려지게 될 것이다.

WHY

팀 전체 성과가 높아질 수 있다

팀장에게는 크게 세 가지 종류의 책임이 있다. '미래 전략future facing 업무', '주기적인 일상day-to-day 업무', 그리고 말 그대로 불난 집에 불을 끄는 것과 같은 '돌발성fire put-out 업무'가 그것이다. 부하직원은 이중 돌발성 업무가 최대한 발생하지 않도록 제때 도움을 요청하며 팀장을 도와야 한다. 그래야 팀이 일상적으로 더 원활하게 돌아가고 팀장은 팀의 장기 비전이나 더욱 중요한 일을 위해 시간을 쓸 수 있기 때문이다. 매니지업을 제대로 활용하지 않는 팀원에게 불필요한 시간

실리콘밸리에선 어떻게 일하나요

과 에너지가 쓰이지 않도록 하는 것도 팀의 성과에 중요한 부분이다.

회사생활의 만족도가 올라간다

팀장이 팀을 잘 이끌고 팀의 모든 업무가 순조롭게 진행되면 결국 팀 전체의 성과가 향상되기 마련이다. 성과도 좋고 자신의 커리어도 목표대로 달성하게 되면 자연히 회사생활의 만족도도 올라간다. '직원은 회사를 떠나는 게 아니라 팀장(상사)을 떠난다'라는 연구 결과처럼 반대로 팀장의 도움을 제대로 받지 못해 관계가 나빠지고 업무 성과도 떨어지면 회사생활 전체가 불만족스러워질 수도 있다.

나의 성과가 더 공정하게 평가될 수 있다

나를 평가하는 책임자는 나의 상사이고, 상사가 나의 업무 결과를 제대로 평가하려면 올바른 데이터가 있어야 한다. 상사는 수많은 자료들을 보고 검토하기 때문에 내가 한 업무 내용을 잊을 수도 있고 평가의 오류가 생길 가능성도 있다. 따라서 평소에 팀장과 계속 소통하며 나의 업무를 정확히 이해할 수 있도록 도와야 내가 나중에 올바르고 공정한 평가를 받을 수 있다.

자기인식 훈련에 유용하다

매니지업을 제대로 하려면 기본적으로 나의 강점이나 약점은 무엇인지, 내가 지금 어떤 상황이고, 내게 무엇이 필요한지 등을 잘 알고 이해해야 한다. 이것을 '자기인식self-awareness'이라고 한다. 직급이 높을수록 자율적으로 일하고 그에 따른 책임도 크기 때문에 자신의 니즈를 스스로 잘 알고 업무를 진행하는 능력이 필요하다. 즉, 리더로 성장하려면 자기인식 능력을 키우는 것이 무엇보다 중요하다. 자기인식에 관한 설명은 6장과 7장에서 더 자세히 다룬다.

마이크로 매니지먼트를 피할 수 있다

상사에게 마이크로 매니징 당하는 걸 좋아하는 사람은 세상에 한 명도 없을 것이다. 그런데 간혹 팀장이 마이크로 매니징을 한다며 불평하는 사람들 중엔 스스로가 매니지업을 제대로 하지 않는 경우가 있다. 팀장으로선 필요한 정보를 제공받지 못해 일에 문제가 생기거나 성과가 낮아져서 어쩔 수 없이 그렇게 하는 것이다. 그러니 본인이 먼저 상사에게 제때 상황을 보고하고 궁금한 점을 질문하고 지원도 요청하도록 하자. 필요 이상의 간섭을 피하고 한층 더 즐거운 마음으로 업무에 임할 수 있을 것이다.

POTENTIAL PROBLEMS

성과와 매니지업을 동일시할 수 있다

다음과 같이 두 가지 타입의 팀원들을 주의 깊게 보고 구별할 줄 알아야 한다. 첫째, 매니지업은 잘 못하지만 일을 정말 잘하는 사람, 둘째, 일은 잘 못하는데 매니지업을 잘해서 일을 잘하는 것처럼 보이는 사람이다. 이 둘을 잘 구분하지 않으면 자칫 후자에게 더 좋은 평가를 주게 된다. 아무리 매니지업을 잘한다고 해도 결과에 대한 임팩트만은 정확히 평가할 필요가 있다. 매니지업을 통해 팀원에게 직접 받은 데이터뿐 아니라 협업하는 동료들의 피드백을 골고루 받은 다음 개인의 기여도를 정확하게 평가하도록 한다.

TIPS

상사가 먼저 '매니지업'을 소개한다

상사는 반드시 부하직원들에게 먼저 매니지업에 대해 알려주고 이를 실행할 수 있도록 독려해야 한다. 매니지업의 개념이 당연하게 느껴진다는 이유로 두루뭉술하게 설명하고 넘어가면 모두가 다른 방식으로 매니지업을 받아들이게 되어 문제가 생긴다. 이 개념에 정확한 이름을 붙이고 이것이 하나의 조직문화임을 공표해야 모두가 매니지업을 쉽게 배우고 실천할 수 있다. 조직 전체가 이 용어와 개념을 배울 수 있도록 회사는 리더를 독려해야 하며 리더는 '나(상사)와 일하는 방법'을 알려줌으로써 직원들이 올바른 기대치를 갖도록 해야 한다.

1. **소개한다** 매니지업의 의미를 설명하고 적절한 활용 사례도 함께 알려준다.
2. **경청한다** 부하직원들이 하는 이야기를 반드시 경청하고 피드백과 도움을 정확히 이해한다.
3. **습관화한다** 매니지업을 잘하는 부분과 아직 미흡한 부분을 짚어주며 지속적으로 매니지업을 습관화할 수 있도록 도와준다.

나와 상사의 기대치가 같은지 항상 체크한다

매니지업에서 가장 중요한 첫 단계는 서로에 대한 기대치를 정확히 이해하는 것이다. 업무 전반에 대한 기대치를 서로 이해한 후 지속적으로 일의 과정과 성과를 점검해가야 한다. 그렇게 처음부터 기대치가 정확히 합의되어야 업무 도중 개인적인 갈등이나 오해가 생겨도 수월하게 풀어갈 수 있다. 다음과 같은 기대치의 네 가지 기본 요소를 참고하여 업무 시작, 중간, 끝의 시점에 주기적으로 팀장과 함께 기대치를 짚어보자.

1 **목표** 해당 업무의 목표는 무엇인지 구체적으로 정의한다.
2 **프로세스** 업무 진행 과정에 있어서 원칙과 규칙은 무엇인지 합의한다.
3 **완성도** 해당 업무의 완성도를 무엇으로 정의할 것인지, 예컨대 '잘했다', '성공적이다'의 기준이 무엇인지 정의한다.
4 **커뮤니케이션** 업무 소통 방식(온라인, 전화, 대면 회의, 주기적 일대일 미팅 등)을 어떻게 할 것인지 정의한다.

주도적으로 '일대일 미팅'을 진행한다

1 **기본 자세**Mindset 일대일 미팅의 기본 마인드셋은 '부하직원' 중심이다. 상사를 위한 시간이 아니라 나 자신을 위한 시간이라는

의미다. 단순히 업무 보고를 하는 자리와는 다름을 기억해야 하다.

2 **미팅 안건**Agenda 부하직원이 중심이 되는 미팅이므로 당연히 안건도 내가 생각하고 정리한다. 미팅 전에 안건을 미리 상사에게 공유하여 기대치를 사전에 세워둔다.

3 **감정 체크**Temperature check 일대일 미팅을 시작할 땐 바로 안건으로 들어가지 말고 먼저 서로의 현재 상황이나 감정, 컨디션, 개인적인 사정 등을 물어본다. 그리고 감정 상태에 따라 그날의 안건을 조정할 수도 있다. 예를 들어 상사의 가족에게 안 좋은 일이 생겼으면, 덜 급한 일은 나중에 말하거나 다른 사람을 통해 필요한 도움을 받을 수 있는지 알아보는 것이다. 이 작은 배려의 유무가 그날의 일대일 미팅은 물론 서로의 관계까지도 바꿀 수 있다.

4 **대화 주도**Lead 부하직원이 중심이 된 미팅이므로 진행 또한 부하직원이 주도한다. 미팅 안건을 체크리스트 형태로 만들어놓고 우선순위대로 대화를 진행하는 것이 좋다. 미팅룸에 함께 있다면 화이트보드에 리스트를 적고 온라인이라면 스크린을 공유하며 하나하나 같이 체크해나간다. 하나씩 완료된 안건을 함께 체크해나갈 때의 희열도 있다.

5 **후속 조치**Action item 미팅에서 논의된 것들 가운데 상사든 부하직원이든 후속 조치를 약속한 것이 있다면 미팅이 끝나기 전 반드시 언제까지, 무엇을 실행할 것인지 짚고 이를 문서화해야

한다. 이러한 문서를 온라인이나 공유 클라우드 등 한곳에 모아 언제든지 보고 기억할 수 있도록 하면 더 좋다.

6 **미루거나 생략하지 않기**Show up 아무리 바빠도, 다른 업무나 스케줄이 많더라도 일대일 미팅은 가급적 미루거나 그냥 넘어가지 않도록 한다. 반대로 별다른 안건이나 피드백 내용이 없더라도 미팅은 예정대로 진행하는 것이 좋다. 개인적인 이야기를 나누며 친분과 신뢰를 쌓는 것 또한 중요하기 때문이다. 그래야 어려운 상황이 발생했을 때나 민감한 피드백을 전달해야 할 때 오해 없이 훨씬 수월하게 소통할 수 있다.

상사의 건망증(?)을 이해하고 도와준다

상사 한 명이 모든 팀원들의 업무 내용, 커리어 목표, 그리고 조직의 전체적인 전략과 활동을 다 기억하기란 너무 어렵고 때론 불가능하다. 게다가 대부분의 상사들은 늘 시간에 쫓기는 경우가 많다. 부하직원의 입장에서는 이 사실을 빨리 받아들이고 해결책에 대한 주도권을 자신이 갖는 것이 좋다. 기억력의 문제로 업무에 문제가 발생하거나 서로 마음 상하지 않도록 유용하게 활용할 만한 팁 두 가지를 공개한다. 매우 단순하지만 의외로 꽤 유익하다.

1 **문서화하여 공유한다** 상사와 내가 공유하고 언제든지 살펴볼 수 있는 일대일 온라인 문서나 게시판을 하나 만들어놓고 서로

주고받은 피드백 내용을 모두 기록한다.

2 반복하고 또 반복한다 내가 전달한 이야기를 상대방이 기억하고 그대로 읊으려면 적어도 일곱 번은 반복해야 한다는 말이 있다. 일곱 번까진 아니어도 중요도가 높은 내용은 상사에게 반복해 상기시켜주도록 하자.

상사의 도움을 받기 어렵다면 다른 곳에서 해결책을 찾는다

여러 가지 이유로 상사가 내게 필요한 도움을 주지 못하는 경우가 있다. 규모가 작은 스타트업에선 흔히 팀장의 경험이 내가 맡은 업무 및 분야와 너무 달라서 도움을 주지 못하는 일도 종종 일어난다. 혹은 팀장의 리더십 스타일과 나의 업무 스타일이 서로 맞지 않아 만족스러운 피드백을 얻지 못하는 경우도 있다. 이유가 무엇이든 이런 일은 매우 흔하다. 그러므로 자신의 상사 한 사람에게만 의지하기보다는 상사에게 받을 수 있는 도움과 없는 도움을 구별하고,

실리콘밸리에선 어떻게 일하나요

없는 부분은 다른 곳에서 찾도록 한다. 상황에 따라 팀장에게 솔직하게 이야기해서 다른 자원의 도움(외부 수업이나 회사 내 다른 리더의 코칭과 멘토링 등)을 공식적으로 요청하는 것도 방법이다. 또는 가능한 일이라면 혼자 자발적으로 해결책을 찾는 방법도 있다.

직속 상사와 내 업무의 책임자가 다를 땐, 더블 매니지업!

현재 진행 중인 업무와 관련된 리더가 나의 직속 상사가 아닌 경우가 꽤 있다. 이럴 땐 두 상사 모두를 대상으로 매니지업한다. 두 리더를 대상으로 업무와 관련된 기대치와 피드백을 관리하며 업무 성과를 보증할 필요가 있다. 아울러 일의 진행 상황과 주요 정보를 끊임없이 업데이트하며 커리어에 대한 조언을 받을 수 있도록 해야 한다. 일을 하다 보면 다양한 문제 상황에 부딪히고, 그때마다 도움을 줄 수 있는 사람이 다를 수 있으므로 늘 둘 다 매니지업해서 언제든지 도움을 받을 수 있도록 한다.

상사의 상사도 매니지업 대상으로 삼는다

관리자급 부하직원을 몇 명 두고 있는 리더라면 누구나 '직급이 높아질수록 점점 현장과 멀어진다'는 느낌을 받은 적이 있을 것이다. 조직의 모든 구성원이 매니지업을 이상적으로 잘한다면 제일 윗선의 리더까지 제대로 된 정보가 전달되겠지만 현실은 그렇지가 않다. 종이컵 전화 놀이를 할 때처럼 A에서 B로, 그리고 C로 단계를 거칠수록 제대로 된 정보 전달이 어렵기 때문이다. '그 일은 어떻게 돼 가고 있을까?', '어떤 사람들이 그 일을 하고 있는 거지?' 등 조직의 머리 부분으로 점점 올라갈수록 정확한 정보를 접하기 어려워질 때가 있다.

모든 상사들에게 일일이 업무를 다 공유하고 도움을 요청할 필요는 없지만 특정 업무의 굵직한 개요나 경과 등은 함께 매니지업하는 것이 좋다. 적절한 도움이나 커리어 관리 등에 유익할 수 있다.

실리콘밸리에선 어떻게 일하나요

원격 근무가 늘수록 매니지업은 더욱 중요하다

최근 몇 년간 원격 근무를 할 수밖에 없는 상황이 이어지면서 온라인 소통이 매우 일상화되었다. 이럴 때일수록 기대치에 대한 합의, 인간적인 교감과 신뢰, 그리고 서로의 업무 스타일에 대한 이해가 더욱 중요하나. 원격 근무 시 발생할 수 있는 오해의 가능성을 차단하고 원활한 소통을 하기 위한 팁으로는 다음과 같은 것들이 있다.

- **글쓰기 훈련하기** 따로 시간을 투자해서라도 이메일이나 사내 메신저로 정확히 소통하도록 특별히 노력하고 연습한다. 명확하게 그리고 오해 없이 소통하는 일은 그만큼 중요하다.
- **소통 스타일 이해하기** 사람마다 각자의 소통 스타일이 있으며 지켜야 할 선과 불쾌함을 느끼는 지점 역시 모두 다르다. 온라인으로 소통할수록 이 차이를 이해하고 존중하도록 노력해야 한다. (예: 몇 시 이전/이후 연락 금지, 비디오 대신 오디오, 경직돼 보일 수도 있는 너무 짧은 글 등)
- **오해는 제때 풀기** 조금이라도 오해가 발생할 소지가 있거나 심상치 않은 반응이 감지될 때면 곧바로 물어봐 풀도록 한다. (예: "나는 이렇게 이해했는데 이러한 해석이 맞나요?")
- **어려운 피드백은 대면으로 하기** 어렵고 심각한 피드백은 되도록 글이 아닌 직접 대면하여 전달하는 것이 좋다. 대면이 어렵다면 최소한 화상으로라도 전달하자. 온라인 소통은 대면 소통에

비해 신뢰를 쌓는 데 상대적으로 시간이 더 오래 걸린다. 그러므로 2장 피드백 컬처에 나왔던 부분들을 참고하여 효과적인 의도 전달을 위한 훈련을 거듭해야 한다.

상사에게도 칭찬은 필요하다

2장에서 이미 언급했지만 중요하기 때문에 한 번 더 말해두고 싶다. 상사에게 도움을 요청하거나 피드백을 줄 때 칭찬과 고마움을 자주 표현하는 습관을 갖자. 그런 피드백을 자주 줄수록 상사도 자신만의 강점을 더 키우며 성장할 수 있는 값진 기회를 얻게 된다. 부하직원 입장에서도 상사의 도움을 받을 확률이 더 커질 테니 상부상조인 셈이다. 모두 사람이 하는 일 아니겠는가.

실리콘밸리에선 어떻게 일하나요

STORIES

일대일 미팅의 목적을 제대로 이해한 사건

이 장의 서두에서 나의 메타 생활은 매니지업 문화를 알기 전과 후로 나뉜다고 말했던 걸 기억할 것이다. 그런 깨달음을 준 에피소드가 있다.

메타에 막 입사했을 때 나는 당시 실리콘밸리에서 꽤 유명한 디자인 디렉터를 팀장으로 모시게 되었다. 그녀의 이름을 제인이라고 하자. 당시 제인은 우리 팀의 '임시 팀장'이었다. 당시 내가 속한 팀은 저커버그가 관심 있게 지켜보는 중요한 미션을 위해 새로 꾸려진 팀이어서 아직 정식 팀장이 부임하지 않은 상태였다. 제인은 우리 팀 외에도 여러 팀들을 책임지고 있었기에 우리 팀원들의 업무를 일일이 코칭해줄 시간과 여유가 없는 사람이었다.

메타에선 모든 부하직원과 상사가 매주 30분씩 일대일 미팅을 한다. 당시 신입사원이었던 나는 이 시간을 어떻게 보내야 하는지 잘 알지 못했다. 상사와 서로 알아가고 싶은 마음이 있긴 했지만 제인이 워낙 높은 직급의 상사라 그 시간에 내가 말실수라도 하면 어쩌나 하는 마음이 더 컸던 것이다. 업무 내용의 디테일을 이야기하기엔 우리 사이가 너무 멀다고 생각해서 일일이 다 이야기하지도 않았다. 메타의 조직문화상 팀장이 나에게 디자인 방향을 정해주는 것도 아니어서 매주 진행하는 일대일 미팅의 목적을 이해하지 못했고, 나중엔 그 시간이 꺼려지기까지 했다.

그렇게 6개월여의 시간이 훌쩍 지났다. 어느 날 제인이 우리 팀의 방향성에 대한 중요한 결정을 전하기 위해 한 명 한 명 일대일 미팅을 가지며 우리의 피드백을 직접 수집했다. 이렇게 중요한 안건은 공식 발표 전에 팀장이 일대일로 먼저 알려주며 솔직한 반응과 의견을 수렴하는 것이 메타의 방식이다. 그런데 제인이 전해준 우리 디자인 팀의 방향은 나로선 전혀 예상하지 못한 것이었다. 그 업무와 가장 가까웠던 나의 관점에서 봤을 때 그것은 옳은 결정이 아니었다. 하지만 제인의 말투와 표정에는 확고함이 느껴졌다. 확신을 가진 그녀의 모습에서 나는 '이건 이미 내려진 결정이니 그냥 받아들여야겠구나' 체념하고 그냥 가만히 있었다. 그러자 그 모습을 본 제인이 나의 솔직한 생각을 듣고 싶다며 의견을 구했다.

난 그 결정이 어차피 바뀌지 않겠지만 그래도 할 말은 해봐야겠다는 심정으로 그냥 솔직하게 말하기 시작했다. 그리고 놀라운 일이 벌어졌다. 제인이 나의 의견을 끝까지 듣고 더 자세히 이해하고 싶다며 뒤에 잡혀 있던 회의 두 개를 취소해버린 것이다. 그렇게 그날 우리는 오랫동안 팀의 방향성에 대해 약 90분간 깊은 대화를 나눴다. 그 대화가 끝나고 나는 한편으론 속이 시원했지만 또 한편으론 겁도 났다. 내가 너무 솔직했던 건 아닌지, 후회할 일을 만든 건 아닌지 갑자기 머릿속이 복잡해졌다. 그날 밤, 제인은 나의 진솔한 피드백에 대해 고맙다며 메일을 보내왔다. 그리고 며칠 후 이전에 내린 결정을 취소하고 새로운 방향을 찾겠다는 소식을 우리 팀에 전했다.

그 사건 이후 나와 제인의 일대일 미팅은 180도 달라졌다. 내 목소리가 가진 영향력과 제인의 태도를 목격한 후로 나는 적극적으로 일대일 미팅을 활용하기 시작했다. 미팅 때마다 질문 리스트를 적어서 제인에게 공유했고 제인은 일대일 미팅 시간에 다 답하지 못한 내용은 이메일을 통해 보내주는 등 다양한 루트를 활용해 피드백을 주었다. 예를 들어 내가 하는 프로젝트의 문서 중 보완이 필요한 부분을 미리 보내주고 일대일 미팅에서 "내가 짠 전략의 프레임은 어떤가요?"라고 질문하면 제인은 미흡한 점과 그 부분을 개선하는 데 도움이 될 만한 자료 몇 개를 링크로 보내주었다. "이런 프레임을 잘하는 PM이 몇 명 있는데 그 사람들이 전략 플래닝을 할 때 쓰는 문서들이 좋은 참고가 될 거다."라며 실질적인 도움을 주곤 했다. 그때 보고 배웠던 것이 당시 그 프로젝트뿐 아니라 훗날까지도 많은 도움이 되었다. 제인은 유사한 방식으로 내게 자주 도움을 줬고, 그때마다 나도 구체적으로 어떤 부분이 도움이 되었는지 이야기하며 고마움을 표현했다. 그때 깨달았다. 아무리 바빠도 부하직원들을 최대한 돕겠다는 의지가 강한 상사에게 필요한 도움이나 원하는 바를 정확히 표현하는 것은 바로 부하직원인 우리의 몫이라는 사실을 말이다.

그리고 몇 달 후 회사에서 매니지업 수업을 듣고 '아 이것이 바로 매니지업이구나' 하며 이론과 실전 사례를 함께 이해할 수 있었다. 제인과의 경험을 통해 일대일 미팅이 나를 위한 시간이며 내가 주도권을 갖는 시간임을 이해하게 됐다. 그리고 나자 상사와의 미팅은 더 이상 '뭔가 증명해야 하는 부담스러운 시간'이 아닌 '내가 도움을 받는 알찬 시간'으로 전환되었다. 이 전환점을 통해 업무 성과가 높아지면서 성장 또한 빨라졌고, 이를 통해 자신감도 생겨 회사생활의 만족도 역시 크게 향상되었다.

Author's Note **직급이 높은 상사 매니지업하기**

우리가 모시는 상사 중에는 디렉터급, 부사장급, 심지어 CEO도 있다. 그리고 직급이 높을수록 매니지업하기가 힘들다. 뭔가 굳이 말하지 않아도 다 알고 있을 것만 같고 괜히 실수라도 할까 봐 말을 꺼내기 어려운 것도 사실이다. 내가 제인과의 첫 일대일 미팅이 힘들었던 이유, 매니지업을 제대로 하기까지 시간이 더 걸린 이유도 그녀의 직급이 너무 높았고 명성도 자자해 어렵게 느껴졌기 때문이다. 하지만 이렇게 중요한 책임을 맡은 사람들일수록 중요한 결정을 내릴 때 솔직한 피드백과 도움을 더 필요로 한다. 부하직원은 이럴수록 더 매니지업을 열심히 해야 한다는 점을 잊지 말아야 한다. 상사는 상사대로 부하직원이 매니지업을 잘하도록 편안하고 안전한 환경을 조성하는 데 신경 써야 할 것이다.

'마리아가 마리오였다면' 후속편

이번 에피소드는 상사의 입장에서 왜 매니지업이 중요한지를 보여주는 사례다. 2장에서 소개한 마리아의 스토리를 다시 한번 떠올려보자. 나는 당시 마리아에게 리스크 상황이 발생했을 때 몇몇 동료의 부정적인 피드백을 그대로 받아들이지 않고 따로 팩트체크를 했다. 내가 그렇게 했던 이유는 바로 마리아가 평소 나에게 프로젝트의 디테일한 부분까지 모두 보고하고 도움을 요청하며 매니지업을 잘했기 때문이다. 덕분에 나는 마리아가 진행하는 프로젝트들의 상황을 모두 파악하고 있었고, 부정적 피드백을 보고 뭔가 앞뒤가 맞지 않아서 더 조사가 필요하다는 판단을 내릴 수 있었던 것이다.

마리아의 철저한 매니지업과 그것이 가져온 효과는 이러했다. 일주일에 30분가량 하는 일대일 미팅 이외에도 마리아는 우리 둘만 공유하는 문서에 자기 프로젝트의 문제점들과 도움이 필요한 사안들을 틈틈이 적어냈다. 어려운 상황이 발생하면 늦지 않게 제때 상담을 요청했고 문제 해결 과정도 꼼꼼히 공유했다. 자신의 프로젝트에 관한 거의 모든 링크를 문서에 걸어놓았고 내가 꼭 봐야 할 부분이 있으면 따로 요청했다. 덕분에 나는 평소 그녀가 담당하는 프로젝트의 진행 상황과 문제점들까지 속속들이 이해하고 있었다.

바로 이런 이유로 적절한 도움도, 격려도, 문제 해결도, 평가도 모두 가능했던 것이다. 만약 당신이 마리아와 같은 입장에 놓였는데 평소 매니지업을 제대로 하지 않았다면 결과는 완전히 달라졌을 수도 있다. 이러한 점을 생각해서라도 부하직원이라면 오늘부터 매니지업을 꼭 실천해보길 바란다.

"팀장 연습을 해봐도 될까요?"

이번 스토리는 제목 그대로 내가 상사에게 새로운 경험을 하고 싶다고 요청한 내용이다. 내 커리어 비전을 실험해볼 기회, 상사가 필요로 했던 도움, 팀의 효율성, 삼박자가 딱 맞아떨어진 흥미로웠던 경험을 소개한다.

2017년 우리 팀에는 메타에 들어온 지 얼마 되지 않은 상태에서 디렉터의 책임을 맡은 상사가 새로 부임했다. 그 디렉터의 이름을 톰이라고 하자. 톰이 관리하는 디자이너만 40명이 넘었고 그 디자이너들이 소속된 프로덕트 팀만 해도 20개는 되었다. 회사를 오래 다녔던 사람도 제대로 일하기 어려운 그 복잡한 상황에서 새로운 사람이 적응도 하면서 리더십을 제대로 발휘하기란 힘들 게 뻔했다. 나는 톰의 적응을 돕기 위해서, 그리고 그 과정에서 팀원들이 손해 보지 않고 수월하게 업무를 진행할 수 있도록 하기 위해서 그의 책임 몇 가지를 덜어줄 필요가 있다고 생각했다.

이미 나는 톰은 물론 그의 상사에게도 사람과 사업을 관리하는 매니저people manager로 커리어를 전환해보고 싶다는 의지를 밝힌 바 있었다. 그 덕분에 팀장 되기 연습도 할 겸 혹시 내가 도울 일이 있다면 맡겨 달라고 말했다. 톰은 내 말에 무척 반가워하며 그 주에 바로 나를 포함해 우리 팀 리더(팀원 중 가장 직급이 높은 IC 리더. 더 자세한 정의는 다음 장에서 다룬다) 세 명에게 자신의 업무 일부를 나눠주는 결정을 내렸다.

그 기회 덕분에 우리 팀은 일정이 늦춰지거나 중단되는 일 없이 효율적으로 업무를 진행할 수 있었으며 톰 역시 숨을 돌리며 새로운 조직에서의 적응기를 원활하게 보낼 수 있었다. 마지막으로 나를 비롯한 또 다른 두 명의 팀 리더들도 새로운 팀장 경험을 하며 성장하는 기회를 얻었다.

물론 배우거나 경험해보고 싶은 것들에도 우선순위가 있으므로 이를 차근차근 해나가길 원하는 사람도 있을 것이다. 그러나 가끔씩은 예측하지 못한 타이밍에 새로운 기회가 찾아오기도 한다. 그럴 때 적극적으로 그 기회를 잡아보라고 응원하고 싶다. 특히 나 말고도 내 팀 전체에 이득이 가는 결정일수록!

Author's Note | 새로운 일을 맡을 때 꼭 지켜야 할 것

팀장에게 새로운 일을 부여받게 된 팀 리더라면 꼭 기억해야 할 사실이 있다. 기존에 자기가 하던 일을 똑같이 하면서 새로운 책임까지도 다 맡아서 하는 게 아니라, 새로운 책임의 양만큼 자신이 하던 업무 중 일부는 팀 내의 다른 사람에게 덜어주어야 한다는 점이다. 이렇게 해야 팀 리더 자신의 번아웃을 피할 수 있고, 다른 팀원들에게도 새로운 책임을 주며 성장의 기회를 만들어줄 수 있다. 모든 리더들이 다음 리더가 될 사람에게 적절하게 업무를 배분하고 책임감 있게 일할 수 있는 환경을 만들 때 팀 전체가 꾸준히 성장할 수 있다. 새로운 역할과 책임을 경험해보되, 자신의 에너지를 초과하지 않도록 신경 쓰면서 지속 가능한 속도로 성장하자.

시간이 부족할수록 매니지업은 더 중요하다

이번 에피소드는 돌발 상황에 처했거나 시간에 쫓기는 팀일수록 매니지업이 중요하다는 것을 잘 보여주는 이야기다.

2019년 나는 신규 AI팀(AI New Experiences, 미래 콘셉트 구상과 AI 윤리를 담당하는 팀)의 팀장으로 합류했다. 전략과 비전도 아직 잡히지 않은 신규 프로젝트를 진행하며 동시에 팀까지 꾸려가려니 딱 '비행기를 만들면서 동시에 조종법까지 배운다build the plane while learning to fly'는 영어 표현처럼 막막하고 정신없고 조마조마했다. 설상가상으로 PM 파트너까지 갑자기 그만두게 되어 그 빈자리부터 당장 채워야 하는 상황에 놓였다. 새로운 디자인 팀을 만들고 있던 내 책임만 해도 쉽지 않았는데 한 조직 안에서 두 리더의 몫을 소화하기란 거의 불가능해 보였다. 하지만 어쩌겠는가. 해결책을 찾는 수밖에.

나는 먼저 이 신규 팀에서 가장 중요한 일은 무엇인지 우선순위를 정했고, 그중에 내가 맡아서 해야 할 일과 팀원들에게 맡길 수 있는 일은 무엇인지 분류해보았다. 이 과정을 거치고 나니 팀 관리team manage보다 내 위의 임원들을 관리하는 것(매니지업)이 내가 해야 할 더 중요한 임무라는 것이 드러났다.

팀 관리는 우리 팀의 시니어 디자이너와 엔지니어들을 통해 어느 정도 해결할 수 있지만 매니지업을 맡을 수 있는 사람은 나와 내 엔지니어링 파트너Head of Engineering뿐이었다. 당시 우리 팀이 당면한 가장 시급한 과제는 AI 조직의 임원들과 상의하면서 우리 조직의 비전과 전략을 확실히 정하고 기대치를 합의하는 일이었다. 그리고 우리 팀이 나중에 도움을 요청하려면 평소에 우리 업무에 관한 정보를 충분히 제공해주어야 했다. 구체적으로 예산, 채용, 팀 확장, 로드맵 구상과 결정 등 평소 PM이 담당해야 할 일을 나와 내 엔지니어링 파트너가 맞았다.

한번은 새해 로드맵을 세울 때, AI 임원들이 기존의 팀 이외에 새로운 팀을 설립해달라는 무리한 요구를 한 적이 있다. 우리 팀에 피해를 끼칠 것 같아 우려되었지만 일단 옵션을 충분히 고려하고 계산한 다음 AI 임원들과의 회의를 열어서 다음과 같은 세 가지 옵션을 보여주었다.

A. 이 새로운 임무를 하려면 지금 우리가 하는 업무의 50퍼센트를 그만두어야 한다.
B. 만일 두 가지를 다 해야 할 경우 우리 팀의 규모를 현재보다 50퍼센트 더 확대해야 한다. 새로운 팀원을 고용하고 훈련시키는 데는 시간이 걸리기 마련이니, 새 임무는 아무리 빨라도 6개월 후에 시작할 수 있다.
C. 새로운 임무는 내년까지 보류하고 지금 업무를 성공적으로 이끄는 데 집중한다.

"우리 팀은 옵션 C가 옳다고 생각하지만 다른 옵션도 수행 가능하니 임원들끼리 회의한 후 답을 주세요."라는 말로 회의를 마무리했다. 그 후 나는 임원진이 옵션 B를 선택했다는 소식을 들었다. 약간의 아쉬움은 있었지만 말했던 것처럼 소화할 수 있는 시나리오였다. 이처럼 임원과 실무 팀 사이에서 목표를 세우고 조율하는 것은 주로 PM의 역할인데 그 PM의 빈자리를 누군가 채우지 않았다면 우리 팀은 비현실적인 목표를 가지고 무리했거나 실패를 경험할 수밖에 없었을 것이다.

내가 이렇게 나의 책임을 넘어서는 역량의 일을 하느라 바쁘게 뛰어다니는 동안 다행히도 우리 팀의 리더들 역시 자신의 책임 밖의 새로운 일을 하면서 성장의 시간을 보내고 있었다. 이렇듯 완전 새로 설립된 팀이라 한창 바쁠 때 또는 임원의 일손이 부족해 시간이 부족할 때(당시 우리 팀은 둘 다에 해당했다)야말로 제대로 된 매니지업이 팀을 살리는 열쇠라는 것을 배웠다.

상사가 모든 답을 가졌다는 생각은 버릴 것

앞서 팁 부분에서 언급했듯이 상사가 내게 필요한 도움을 주지 못하는 경우도 있다. 나 역시 수석 팀장이 되어 팀장 관리라는 완전히 새로운 경험을 시작했을 때 내 상사에게서 도움을 받지 못하는 부분들이 몇 가지 있었다. 그때마다 뭔가에 꼼짝없이 갇힌 기분이 들었다. 예를 들어 내가 몇 년간 함께 일했던 상사는 꼼꼼한 문서화보다는 빠른 결정과 실행을 선호하는 스타일이었던 반면, 나는 새로운 팀 구조를 세우는 단계에서 결정과 제도의 문서화가 더 필요하다고 느꼈다.

새로운 팀을 설립하는 만큼 모두의 기대치를 정확히 정의하고 공개하기 위해 도움이 필요했는데 내가 원하는 답이 나오지 않는 상황이었다. 그때 당시 3~4주에 한 번씩 주기적으로 조언을 받고 있던 외부 코치한테 이 답답함을 토로했더니 "다른 곳에 도움을 요청해봤습니까?" 하는 질문이 돌아왔다. 그때 처음으로 이런 생각이 들었다. '나는 왜 모든 답을 내 상사에게서 다 얻으려고 했을까?' 거기까지 생각이 미치자 내 상사에게는 없는 강점을 가진 주변의 다른 리더들이 눈에 띄기 시작했다.

그 후로 나는 항상 2~3명 정도의 디렉터나 부사장급 멘토들을 두고 나의 상사에게서 받기 힘든 도움을 주기적으로(디렉터는 2주일에 한 번 30분, 부사장은 한 달에 한 번 30분) 받았다. 매주 있는 상사와의 일대일 미팅에서 매니지업하듯이, 새로운 멘토들에게 도움과 피드백을 요청했다. 그렇게 일하다 보니 내 상사에게 서운했던 마음도 없어지고 업무의 문제점도 순조롭게 해결하며 진행할 수 있게 되었다. 그 이후부터는 어떤 문제가 생길 때마다 다음과 같이 구분해서 생각하게 되었다.

- 나의 상사에게서 받을 수 있는 도움은 무엇인가
- 다른 멘토들에게서 받을 수 있는 도움은 무엇인가
- 외부 코치한테 받을 수 있는 도움은 무엇인가

이렇게 내 상사에게 어떤 도움을 요청할 수 있고 어떤 도움을 요청할 수 없는지 이해하고 나자 문제 해결이 한층 쉬워졌다. 나는 내 팀원들에게 "내가 도움 주지 못하는 부분은 다른 사람을 연결해줄 테니 그 멘토들에게 도움 받기를 추천한다."라고 코칭한다.

한 사람에게서 모든 문제의 답을 다 찾는다는 것은 비현실적이다. 모든 사람은 각기 다른 자기만의 강점을 가지고 있기 때문이다. 각자의 강점을 가진 여러 사람에게 도움을 받으면 한 사람에게 받는 것보다 훨씬 더 수준 높은 답을 찾을 수 있고 개인의 업무 만족도 역시 높아지게 된다는 점을 기억하자.

Author's Note **외부 리더십 코칭은 또 뭐지?**

내가 덕을 본 다양한 학습 경험 중에서 회사 내 멘토링만큼이나 큰 도움을 받은 것이 있었으니 바로 외부 리더십 코칭이다. 이는 회사의 부사장, 디렉터, 팀장, 팀 리더 등 리더십 직급을 위해 일대일로 코칭을 해주는 프로그램인데, 본인이 요청하고 특정한 절차를 거쳐야만 한 번에 6세션(1년에 12세션 가능)의 코칭을 받을 수 있다. 나는 원래도 매니지업을 하면서 상사의 도움을 잘 받았지만, 외부의 코칭을 활용하면서 내 상사와의 파트너십이 더욱 강해지는 것을 경험했다.

자신의 부하직원이 외부 코칭이나 다른 멘토를 요청한다고 '어? 내가 뭐가 부족한가?'라는 생각을 할 필요는 없다. 이를 통해 얻을 수 있는 새로운 가치와 성과를 생각하며 그런 요청을 오히려 반갑게 생각하라고 조언하고 싶다.

일대일 대화들이 꿈을 이루는 다리가 되다

내가 검색팀 팀장으로 일하고 있을 때의 일이다. 머신러닝이 들어간 제품 디자인에 대해 끊임없이 공부를 하다 보니 자연스럽게 'AI 윤리'에도 관심이 생겼다. 불평등을 초래하는 AI 알고리즘과 제품 디자인의 리스크 가능성에 대해 배우게 되면서 윤리적인 AI 제품 디자인의 중요성에 대한 관심이 점점 더 커지게 됐다.

그래서 매주 하는 상사와의 일대일 미팅에서 내가 읽은 책이나 기사에 대해 이야기하며 우리 팀에서는 어떤 윤리 원칙을 세울 수 있을지, 그리고 앞으로 이 분야에서 더 공헌하고자 하는 내 열망을 솔직하게 털어놓았다. 그리고 일과 관련은 없지만 한 번씩 나의 버킷 리스트 중 하나인 '뉴욕에서 살아보기' 같은 이야기를 꺼내기도 했다.

그러고 나서 몇 년 후 놀라운 일들이 벌어졌다. 내 상사가 검색팀에서 AI팀의 디자인 디렉터로 이동하게 되면서 나한테 합류하지 않겠냐고 권유한 것이다. 내가 원했던 AI 윤리에 관한 팀은 아직 존재하지 않은 상태였지만 일단 AI팀에서 열심히 더 배우고 일하다 보면 언젠가 기회가 올 거라는 믿음으로 일단 합류를 했다. 놀랍게도 합류 후 1년 반이 지날 무렵 내가 속한 팀 외에 새롭게 AI 윤리에 관한 팀을 설립해달라는 요청이 들어왔다. 게다가 이 윤리팀이 뉴욕에 조직된다는 게 아닌가. 나중에 들어 알게 되었는데 AI 조직의 임원들이 이 결정을 내리는 데 내 상사의 의견이 많이 반영되었다고 했다.

나의 상사는 평소에 나의 관심사나 가치관 등을 잘 듣고 기억하고 있다가 기회가 생기자 '점들을 연결connecting dots'해준 것이었다. 그 상사는 분명 새로운 조직의 방향성과 전략을 구상하면서 자신의 팀원 중에서 누굴 어떻게 배치할지 고민했을 터였다. 그때 그 결정에 필요한 개인의 강점과 관심사에 대한 데이터를 내가 평소 계속 제공했던 것이다. 매니지업을 제대로 했더니 내가 꿈꾸었던 AI 윤리팀에서 일하기와 뉴욕에서 살아보기, 이 두 가지를 모두 현실로 이루는 멋진 결과가 나왔다.

이 경험은 팀장으로 입장이 바뀌어서도 똑같았다. 나의 팀원들 중 평소 자신의 장기적인 목표와 꿈, 관심사와 가치관을 꾸준히 공유한 팀원들에게는 나중에 기회가 생겼을 때 이를 어떻게든 연결시켜주었다. 지금부터라도 자신의 꿈과 강점과 계획을 차근차근 일대일 미팅 때 공유해보자. 훗날 어떤 일이 생길지는 아무도 모른다!

5

PARALLEL TRACK

승진의 길은 한 가지가 아니다

WHAT

관리자 vs. IC 리더

이번 장을 시작하기 전에 중요하게 짚고 넘어가야 할 용어가 있다. 아무리 공식 직책이 디렉터, 부사장 등의 C 레벨 임원이어도 부하직원이 있는 사람은 공통적으로 'people manager', 즉 팀과 사람을 책임지는 '관리자'라고 불린다.

한편 IC 리더는 한 프로젝트나 팀에서 가장 뛰어난 역량을 갖고 있거나 직급이 높은 IC를 뜻한다. 특히 이 챕터에서 소개하는 두 갈래의 커리어 옵션을 실행하는 조직에서는 IC 리더가 관리자보다 직급(레벨)이 낮을 수도 있고 높을 수도 있다는 점에 주의하기 바란다. 다소 헷갈릴 수도 있는 이 개념에 대해 이제부터 자세히 설명해보겠다.

메타에서 팀장이 된다는 건 일반적인 의미의 '승진'과는 조금 다르다. 실제 영어로 'upward move(상향 이동)'가 아닌 'lateral move(수평 이동)'라는 표현을 쓰면서 일반적인 의미의 승진이 아님을 설명하기도 한다. '평행 트랙parallel track'이라는 제도를 통해 승진의 길이 '관리자'와 '전문가' 두 가지로 나뉘고 언제든지 강점에 따라 두 트랙을 왔다갔다할 수 있기 때문이다.

평행 트랙 제도에서는 어떤 특정한 레벨에 도달하면 IC와 관리자 중 하나를 선택해야 한다. IC는 '업무'에 전적으로 책임을 지고, 관리자는 팀 구성원들이 일을 성공적으로 해내고 성장을 경험하도록 '사

실리콘밸리에선 어떻게 일하나요

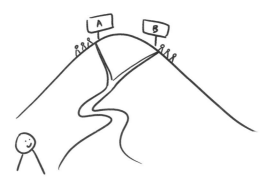

람'에 대해 전적으로 책임을 진다. 사람에 관한 모든 업무를 관리자가 다 맡기 때문에 IC는 온전히 업무에만 집중해서 성과를 올릴 수 있는 시스템이다.

앞서 3장에서 이야기했던 대로 메타에서 관리자란 '이렇게 하라'라고 지시하는 사람이 아닌 '어떻게 도와줄까?'를 묻는 서포트의 책임을 가진다. 이쯤에서 '에이, 그럼 뭐하러 관리자를 해?'라는 생각을 하는 사람들도 있을 것이고, 오히려 그래서 더욱 관리자가 되고 싶은 사람들 또한 있을 것이다. 바로 이 서로 다른 관점 때문에 평행승진 트랙이 존재한다. 자신의 강점과 관심사에 맞게 갈 길을 가도록 해주는 제도라는 얘기다.

다음의 표를 통해 어떤 방식으로 커리어 트랙이 나뉘는지 좀 더 살펴보자.

레벨		부가 설명
IC1 – 4		주니어 – 미디엄 레벨 IC
IC5	M0	시니어 레벨 IC와 관리자(Manager)의 평행 트랙으로 나뉘기 시작한다.
IC6	M1	
IC7	M2	
IC8	D1	관리자뿐 아니라, IC8부터도 '디렉터'와 '부사장' 등의 임원급 직책을 달게 된다.
IC9	D2	
IC10	VP1	
...	...	

이 표를 보고 나면 누군가는 이런 생각을 할 수도 있다. "그래도 명예와 월급 차이를 무시 못하지 않겠어?" 충분히 이해할 수 있는 관점이다. 그런 이유로 메타에서는 두 커리어의 옵션을 똑같이 책정하고 있다. 각 레벨에 따라 똑같은 연봉을 받고, 동등한 존중과 권한을 가지고 업무에 임하며, 중간에 아니다 싶으면 바꿀 기회도 제공한다. 아무런 희생 없이 진정으로 자신에게 맞는 길을 자유롭게 택할 수 있는 것이다.

실리콘밸리에선 어떻게 일하나요

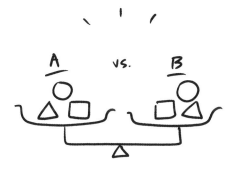

싱글 트랙의 구조적 한계

이 제도의 가치를 이해하기 위해 잠깐 '싱글 트랙single track'의 한계를 살펴보자. 여기 어느 정도 시니어 레벨에 오른 엔지니어가 있다고 해보자. 이제 그는 미래의 커리어 성장을 위해 자신이 잘해왔던 업무를 그만두고 완전 별개의 기술이 필요한 관리 업무people management로 자신의 일을 전환해야 한다. 일의 종류도, 그에 따른 만족도와 성취감도 엄연히 다른데 조직의 체계 때문에 어쩔 수 없이 그런 선택을 내려야만 하는 것이다. 조직에 이러한 구성원들이 계속 늘어나면 어떻게 될까? 당연히 조직의 효율성과 성과에 문제가 생길 수밖에 없다. '평행 트랙' 제도가 존재해야 하는 궁극적인 이유는 이처럼 직원들의 만족도는 물론 회사의 성과에도 큰 영향을 미치기 때문이다.

이 세상에는 리더십보다 일 자체를 훨씬 더 잘하는 사람도 있고, 팀장이 너무 되고 싶은데 아무리 노력해도 좋은 리더십을 발휘하기 힘든 사람도 있으며, 좋은 관리자가 될 만한 역량을 갖고 있지만 좀처럼 그 일을 즐기지 않는 사람도 있다. 이런 특수성과 역량의 차이 등을 모두 반영하여 최적의 옵션을 선택하도록 돕기 위해 평행 트랙이 존재하는 것이다.

관리자와 IC 리더의 역할 차이

그렇다면 관리자(팀장)와 전문가인 팀 리더(IC)의 업무에는 어떤 차이가 있을까? 두 직책은 서로 어떤 형태로 파트너십을 맺어야 할까? 다음의 표를 통해 한번 살펴보자.

이미 여러 번 이야기했지만 직원은 회사를 떠나는 것이 아니라 상사를 떠난다. 상사가 누구냐에 따라 팀의 구성원들이 달라지고 또 그에 따라 성과가 천차만별로 달라질 수 있는 것이다. 그러므로 반드시 관리자 일을 잘하고 즐기는 사람이 관리자 자리에 올라 조직을 운영해야 한다. 구글, 스퀘어, 에어비앤비 등 실리콘밸리의 많은 기업들이 선호하고 이젠 그곳에서 어느 정도 일반화된 이 제도의 다른 매력과 가치들을 계속 알아보자.

실리콘밸리에선 어떻게 일하나요

팀장 People manager	팀 리더 Senior IC
비전에 맞는 팀의 구조를 설계하고 팀원을 배치한다.	관리자가 팀원을 고용하는 데 도움을 준다.(면접 등)
조직 전체에 비전을 공유하고 팀원들에게 동기를 부여한다.	비전 달성을 위한 프로젝트 전략과 아이디어를 구상하고 임원급에게 프로젝트에 대한 허가를 받아낸다.
효과적인 협업을 위한 이상적인 조직문화와 프로세스를 설계한다.	주니어 및 신규 팀원들에게 조직문화와 업무 규칙의 좋은 본보기가 되어 좋은 문화를 확립하는 데 기여한다.
팀원들의 성과와 커리어를 관리한다.	주니어 팀원들의 기술 향상과 커리어에 관한 멘토링을 제공한다.
팀 리더들의 책임을 서서히 확장시키며 개인과 팀의 역량을 키워간다.	관심 있는 새로운 도전을 계속 시도하고 요구한다. 자신의 강점을 지속적으로 더 깊이 탐구하고 관리한다. 관리자로 전환하고 싶은 팀 리더는 인턴이나 주니어 팀원들의 관리를 시작하면서 조금씩 경험을 쌓는다.

WHY

일의 규모가 커질수록 핵심 업무에 집중해야 한다

회사가 성장을 거듭할수록 책임도 커지고 해결할 문제의 범위도

넓어지며 일의 성격도 한층 복잡해진다. IT 회사를 예로 들면 제공하는 서비스의 규모가 증가할수록 여러 문제 상황들이 발생하고, 사생활 보호, 인권 보호 등 민감한 이슈가 생기며, 디자인과 개발 시스템의 관리도 점점 더 어려워진다. 이러한 문제들을 해결하기 위해서는 탁월한 성과와 경력을 가진 실무자들이 필요하다. 그리고 이들을 고용하고 관리할 수 있는 유능한 관리자 또한 필요하다. 이들이 파트너십을 맺고 각자의 업무에 집중해야만 큰 규모의 사업에서 발생할 수 있는 다양한 문제들을 효과적으로 해결할 수 있다.

최고의 팀을 디자인할 수 있다

예전 한 상사로부터 이런 말을 들은 적이 있다. "디자이너는 제품을 디자인하고 팀장은 팀을 디자인한다." 즉, 디자이너는 제품을 통해 성과를 만들어내고 팀장은 팀을 통해 성과를 만들어내는 식으로 수단이 다를 뿐, 둘 다 비슷한 기술이 필요하다는 얘기였다. 비전을 달성하기 위하여 적절하게 팀원을 배치하고 팀을 디자인하는 데는 고도의 전략이 필요하다. 뿐만 아니라 장기적인 관점에서 팀의 지속 가능한 성과를 유지하는 데도 숙련된 기술이 필요하다. 비록 다른 종류의 디자인과 전략을 구사하지만 이에 필요한 시간과 에너지를 생각하면 엄연히 두 업무 다 풀타임으로 집중해야 하는 일이라는 의미다.

팀에 대한 만족도가 높아진다

평행 트랙 조직의 관리자들은 여러 사람들의 역량을 모아 사업을 키우고 또한 그런 사람들의 성장을 지켜보는 것에서 보람을 느낀다. 자기 일에 대해 일종의 사명감을 가지고 직책을 맡기 때문에 관리자와 구성원 모두 만족도가 높을 수밖에 없다. 누구나 '어떻게 하면 우리 팀을 최고로 만들고 직원들의 만족도를 높일 수 있을까?'를 늘 고민하고 즐기는 상사 밑에서 일하고 싶지 않겠는가?

같은 맥락에서 자신과 팀을 더 생각하고 도와주고 싶어하는 사람에게 더 도움을 요청하지 않을까? 실제로 일을 할 때 문제 해결과 지원에 대한 책임을 오롯이 가진 관리자가 있다면 직원들은 망설이지 않고 언제든 도움을 요청할 것이다. 그렇게 평소 문제 해결이 원활하게 이루어지면 더 큰 문제와 장애물이 생길 가능성은 현저히 낮아지게 된다.

업무 몰입도와 효율성이 높아진다

영어로 'context switching'이라는 말이 있다. 어떤 일을 하다가 전혀 다른 종류의 일로 전환해야 할 때 뇌가 필요로 하는 에너지를 일컫는 표현이다. 실무자의 일과 관리자의 일은 완전히 다르기 때문에 역할을 전환할 때마다 상당한 에너지가 필요하다. 한 명의 리더가 팀장으로서 관리자 업무와 복잡한 실무 사이를 왔다갔다하는 것과 그렇지 않고 각각의 핵심 업무에 집중하는 경우를 비교해보면 당연히 그 효율성이 다를 수밖에 없다.

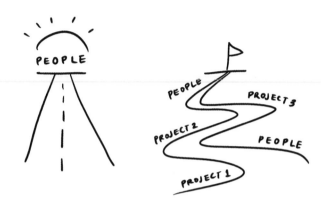

경력 많은 고성과자를 팀 리더로 유지할 수 있다

싱글 트랙에선 커리어 옵션이 없기 때문에 실력 있는 전문가들이 경력이 쌓이면 이직을 택할 확률이 더 높다. 회사 입장에서는 심각한 인재 누출이 일어나는 셈이다. 이런 측면에서 보면 평행 트랙 제도는 인재 확보에 매우 유리하다. 각자 더 좋아하고 더 잘하는 일에 집중하도록 선택권을 줄 수 있기 때문이다. 때론 무엇이든 직접 개

실리콘밸리에선 어떻게 일하나요

발하는 것을 좋아하지만 사업 규모를 키워보고 싶어 관리자 트랙을 밟는 IC들도 있다. 이렇게 평행 트랙을 왔다갔다하면서 성장하고 싶은 경력자들에게는 그에 맞는 기회를 주면 된다. 이러한 선택 옵션을 제공함으로써 회사는 고성과자 리더들과 오래 함께할 수 있다.

POTENTIAL PROBLEMS

미래 이직을 위해 평행 트랙을 이용할 수 있다

메타에는 평행 트랙이 존재한다 해도 실리콘밸리의 모든 회사가 이런 제도를 운영하거나 존중하는 것은 아니기 때문에 미래 이직에 유리하도록 관리자 트랙을 선택하는 사람도 있다. 특히 IC들의 레벨이 공개되지 않는 플랫 컬처에서는 이력서에 유일하게 드러나는 직책이 '관리자'이기에 이력서를 위해서 그 길을 택하려는 사람들이 있다.

평행 트랙이 존재하는 조직에서 이것이 문제라면 이직할 때 이력서에 그냥 자신의 레벨 또는 해당 인더스트리에서 그에 상응하는 직책을 공개하라고 조언하고 싶다. 메타 내에서 공개를 안 하는 것을 원칙으로 할 뿐, 이력서에 공개하는 것까지 문제 삼지는 않기 때문이다. 흔히 메타에서 레벨 5의 디자이너나 엔지니어들은 다른 회사

의 시니어 이상, 그리고 레벨 6부터는 팀장의 의미를 지니고 있으니
이렇게 설명을 붙여도 효과적일 것이다.

TIPS

실제로 동등한 두 가지 방향의 진로를 보장한다

진정한 평행 트랙을 설계하려면, 다시 말해 사람들이 외적인(하지
만 삶의 질과 직결되는) 요소에 구애받지 않고 진로를 선택하게 하려면
아래와 같은 조건들이 동등해야 한다.

1   **돈** 동일한 레벨에게는 동일한 연봉과 보너스를 보장한다.
2   **권한** 중요한 전략을 짜는 임원들의 미팅에 '-장(長)'이 붙지 않았
    더라도 시니어 IC는 참석하도록 제도를 정한다. 예를 들어서
    M2와 디렉터가 참석하는 회의라면 그 레벨의 IC를 참석시켜
    서 중요한 정보도 제공하고 결정권도 준다. 의사권과 결정 권
    한에 따라 조직 구성원들의 존중도 생기고, 그러한 존중이 생
    김으로써 더 많은 의사권을 행사할 수 있다. 이 같은 권한 부
    여는 평행 트랙의 설계에 매우 중요한 핵심 사안이다.

3 **승진 가능성** 조직에 따라 관리자 트랙이 승진하기 더 어렵다거나 혹은 IC 트랙이 더 불리하다는 식의 말들이 나오는 경우가 있다. 이런 오해가 생기지 않도록 사전에 양쪽 직책의 기대치를 정확히 문서화하고 투명하게 공개하여 승진 경로에 대한 정보를 미리 알 수 있도록 한다.

직접 경험해보고 확신이 선 후 결정하게 한다

아무리 강점과 일치하는 진로의 업무더라도 생각했던 것과 실제 경험은 차이가 있을 수 있다. 이러한 차이에서 오는 리스크를 최소화하기 위해 메타에서는 '후행식 승진promotion is lagging'이라는 독특한 철학을 바탕으로 승진 결정을 내린다. 승진 대상인 해당 직원에게 미리 6개월에서 1년 정도 그다음 레벨의 책임과 업무를 일부 맡기는 것이다. 그렇게 자신이 그 일을 할 수 있음을 주변에 증명하고, 스스로도 확신을 가진 다음에야 공식적으로 발령으로 받는다. 다시 말해 승진을 하려면 잠재력만으로는 안 되며 '행위적인 증거물'이 반드시 있어야 한다는 개념이다. 이러한 철학은 승진 결정에 편견이 개입할 위험을 줄이고 결과의 공정성을 더 높여준다. 특히 관리자 트랙이라면 6개월에 걸쳐 관련 업무 한두 가지를 맡아서 해보는 시험 기간trial period을 필수적으로 갖곤 한다. 그렇게 양쪽 모두 이 일을 잘해낼 수 있다는 확신을 갖고 나서 일을 시작하기에 성과도 더 높다.

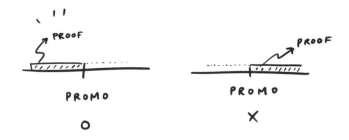

시니어 IC에게 막중한 책임을 맡긴다

진정으로 공정한 평행 트랙을 유지하기 위해서는 높은 직급의 관리자들이 맡는 중대한 일을 동일한 레벨의 IC에게도 똑같이 맡겨야 한다. 그 일의 방향에 대한 결정권도 함께 주어져야 두 레벨의 직책이 동등한 권한과 존중을 가질 수 있게 된다. 여기에는 공정성 외에도 중요한 이유가 있다. 대부분의 사람들이 그렇지만 특히 고성과자들은 늘 똑같은 일을 반복하거나 일이 너무 쉬워지면 흥미가 떨어지기 마련이다. 새로운 범위의 일과 책임을 맡으며 배우고 성장하길 원하는 시니어 IC들의 생산성을 생각한다면 회사는 그들에게 중대한 일을 맡겨야 한다.

기대치의 형태 은유법

직급이 높아질수록 얼마나 큰 책임이 따르는지에 대한 이해를 돕는 재미있는 예가 있다. 메타에서 디자인 IC 레벨에 대한 기대치를 쉽게 설명하기 위해 쓰는 은유법을 소개한다. 디자인 계통에서 흔히 쓰는 표현이지만 다른 부서에서도 비슷한 비유를 썼던 것으로 기억한다.

- 레벨 3의 기대치는 주어진 도형의 일부분에 색깔을 잘 칠하는 것이다.
- 레벨 4는 주어진 도형 전체에 색깔을 잘 칠하는 것이다.
- 레벨 5는 자신이 스스로 도형을 찾아서 전체에 색깔을 잘 칠하는 것이다.
- 레벨 6은 새로운 도형을 발명하는 것이다.
- 레벨 7은 '도형'을 완전히 다시 정의하는 것redefine이다.

도형을 '업무 규모'라고 생각하면 각 레벨마다 얼마나 다른 기대치를 가지고 있는지 짐작이 될 것이다. 레벨 5부터 보통 '시니어'로 인정되며 레벨의 기대치도 상당히 높은 편이다(레벨 7 이상은 정말 고난이도다). 이러한 높은 기대치에 적합한 책임을 맡기고, 그들이 성공할 수 있는 환경을 조성해주며, 매일매일 성공을 위해 파트너십을 맺는 것이 바로 관리자의 일이다.

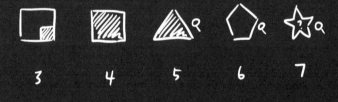

두 가지 트랙 사이의 이동을 가능하게 한다

앞서 언급했듯이 자신이 정한 성장 목표에 따라 이 두 트랙을 왔다갔다하는 사람도 꽤 많다. 예를 들어 "요즘 시장에서 흔히 쓰는 소프트웨어 툴software tool 트렌드가 너무 바뀌어서 관리자 업무를 잘 하려면 이를 좀 더 배울 필요가 있다."거나 "전략 짜는 것이 그립다." 등의 이유로 관리자에서 IC로 전환하는 경우가 생각보다 꽤 많다. 반대로 시니어 IC들도 언제든지 관리자 트랙으로 돌아올 수 있다. 진정한 평행 트랙을 설계하기 위해서는 반드시 이 결정을 쉽게 내릴 수 있도록 도와줘야 한다. 사실 임원도 주기적으로 현장 업무를 경험해야 더욱 훌륭한 리더로 성장할 수 있을 테니 말이다.

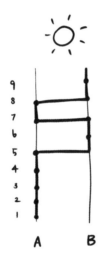

실리콘밸리에선 어떻게 일하나요

미리 알면 좋은 싱글 트랙과 차별되는 네 가지 특징

1 **팀원이 팀장보다 고경력자** 평행 트랙 제도에서는 본인보다 레벨이 높은 사람을 부하직원으로 두는 일도 종종 생긴다. 그래서 메타에서는 이것이 일반화되도록 평소 관리자들에게 '가르칠 사람보다는 배울 것이 많은 사람'을 직원으로 뽑으라고 강조한다. 실제로도 "훗날 상사로 모실 만한 능력을 가진 사람을 채용하라Recruit someone who you want to report to some day."는 말이 흔하게 쓰인다.

2 **관계의 언어** 본인보다 더 고경력자를 팀원으로 둘 수도 있기 때문에 평소에 상사와 부하직원이 수직적인 관계가 되지 않도록 '관리하다manage'는 말 대신 '돕는다support'는 표현을 사용하는 것이 중요하다.

3 **부하직원 없는 디렉터** 평행 트랙에서 IC로 계속 성장하다 보면 똑같은 디렉터 직책이라도 누구는 실제로 조직을 맡는 디렉터organizational director가 되고, 또 누군가는 부하직원이 단 한 명도 없는 IC 디렉터가 되기도 한다. 디렉터 레벨의 임원들이 참여하는 미팅에 이 두 사람 모두 참여하고 똑같은 책임과 결정 권한을 행사할 수 있도록 한다.

4 **회의 참여권** 굳이 디렉터 레벨이 아니더라도 조직의 중요한 전략을 논의하는 미팅에는 '장'이 붙은 임원들뿐만 아니라 다른 시니어급 IC도 참여하고 공헌할 수 있도록 한다.

STORIES

같은 회사, 다른 길을 걷다

나의 남편은 메타에서 페이스북, 인스타그램, 메신저를 두루 거치며 7년여를 함께 일한 동료다. 남편과 직접 같이 일한 적은 없지만 주변 사람들을 통해 그의 명성은 익히 들어 알고 있었다. 평소엔 장난기 많은 사람이지만 일할 땐 화장실도 가지 않고 코딩에만 무섭게 집중하는 개발자라고 했다. 정작 본인은 코딩하는 게 너무 재밌어서 시간이 가는 줄 몰랐을 뿐이라고 말하지만 말이다.

사실 남편은 코딩 못지않게 남을 가르치는 것도 좋아한다. 단순히 좋아하는 것을 넘어 그 능력 또한 인정받았다. 메타에 입사하고 얼마 되지 않았을 때 남편이 가르쳤던 인턴이 탁월한 성과를 보이기도 했고, 평소 후배들 멘토링도 많이 해서 종종 큰 규모의 사내 강의도 하곤 했다. 그 모습을 보고 사람을 키우는 데 소질이 있다고 판단한 남편의 상사가 팀장을 맡아보지 않겠냐고 권유했다. 그러나 남편은 단번에 이렇게 답했다고 한다. "나는 코딩이 훨씬 더 재밌고 좋습니다. 내가 코딩을 내려놓는 건 말이 안 됩니다." 남편은 그렇게 세계 최고의 개발자로 성장하는 길을 택했다.

나도 비슷한 시기에 두 갈래 길 앞에서 고민을 했었다. 고민 끝에 결국 관리자의 길을 선택했다. 그 후 사내 잡지와의 인터뷰에서 '왜 관리자의 길을 택했냐는 질문에 난 이렇게 답했다. "내가 디자인 일을 좋아하는 이유는 어떤 문제를 해결할 수 있다는 생각 때문입니다. 그런데 나는 한 명뿐이니 아무리 노력해도 디자이너로서는 하나의 문제밖에 풀 수 없습니다. 하지만 내가 관리자가 되면 내 팀을 통해 같은 시간에 다섯 개의 문제를 풀 수 있지 않겠어요? 저는 그런 큰 규모의 성과를 낼 수 있다는 게 좋습니다."

결국 수단과 방법이 다를 뿐, 나는 관리자도 일종의 디자이너라고 생각한다. 그리고 실제 나의 강점 역시 관리자 쪽이 더 컸다. 어릴 때부터 혼자 그림 그리기도 좋아했지만 동시에 동네 골목대장을 도맡으며 공동체와 함께 움직이는 걸 태생적으로 더 즐겼기 때문이다. 그렇게 나의 강점과 관심사를 곰곰이 들여다볼수록 관리자 트랙이 더 맞다고 생각했다. 이처럼 같은 회사여도 개인의 타고난 성향과 선호에 따라 각자의 길을 갈 수 있게 한 이 시스템의 예를 내 주변 가장 가까운 곳(나와 남편)을 통해 보여주고 싶었다.

선택이 어렵다면? 지연 패턴 살피기

시니어 레벨이 되고 나서 이 두 가지 진로 중 어디로 가야 할지 고민하며 나에게 조언을 구하는 디자이너들이 많다. 사실 나나 남편과 달리 자신이 어느 쪽이 더 강점이 있는지 알지 못하는 사람이 대다수다. 아무리 생각해도 둘 다 좋은데 어떤 길을 택해야 할지 모르겠다는 사람들에게 나는 종종 이런 조언을 해주었다.

'지연 패턴procrastination pattern'이라는 말이 있다. 할 일은 많고 시간은 제한되어 있을 때 무의식적으로 나름의 순서를 정해서 일을 해결해나가는 경향을 이르는 용어다. 이때 그 순서를 가만히 들여다보면 자신이 무엇을 더 하고 싶어하고, 하기 싫어하는지 알게 된다고 한다. 분명히 둘 다 똑같이 좋아하는 일이어도 반복적으로 하다 보면 일종의 패턴처럼 순서가 잡힌다는 얘기다. 시험 공부를 하려고 책상에 앉았는데 평소에는 절대 하고 싶지 않았던 방 청소가 갑자기 하고 싶어지는 경험을 대부분 해보았을 것이다. 이처럼 어떤 일보다 더 하기 싫은 일이 있고, 반대로 어떤 일보다 더 하고 싶은 일이 있는 법이다.

돌이켜보니 나도 그랬다. 한때 팀장 준비를 하는 팀의 IC 리더로서 양쪽의 일을 다 맡아서 했던 적이 있다. 그때의 업무 종류를 '사람을 돕는 일(관리자 업무)'과 '디자인 일(IC 업무)'이라고 하자. 당시 나의 업무 순서는 이러했다. 회사에서 우리 팀원들이 내게 도움을 요청했을 때 내 디자인 문제는 일단 제쳐두고 도와줬다. 그리고 퇴근 후 집에 돌아와서 그제야 나의 디자인 프로젝트를 마무리했다. 난 분명히 두 가지 일 모두를 좋아했지만 팀의 멘토링, 코칭, 팀의 시스템 디자인에 나도 모르게 더 끌려서 그 일을 먼저 하고 싶었던 것이다. 이런 행동 패턴이 바로 내가 무엇을 주요 업무로 결정해야 하는지 알려주는 중요한 힌트다. 짧은 시간 안에 뭔가를 해내야 할 때, 무의식적으로 먼저 시작하게 되는 그 일이 무엇인지 바라보라.

나에게 조언을 구하러 오는 사람들에게 이 말을 들려주면 거의 모든 이들이 잠시 생각에 잠겼다가 고개를 끄덕이고는 확신이 생겼다며 내게 고마움을 표했다. 물론 바로 확신이 서지 않을 수도 있다. 그래도 괜찮다. 계속해서 자신의 행동 패턴을 인식하고 감정을 들여다보면 된다. 자신의 '에너지 소비'가 어떻게 일어나는지, 어떤 일에 가장 큰 보람을 느끼는지, 끊임없이 자신의 행동과 감정을 주의 깊게 살펴보면서 천천히 진로를 선택하라고 말하고 싶다. 또는 기회만 된다면 일단 본능적으로 해보고 싶은 일을 하면서 확신을 갖는 것이 가장 좋다. 아니다 싶으면 언제든 돌아올 수 있기 때문이다.

나보다 경력이 훨씬 많은 사람을 부하직원으로 두기

팀장인 자신보다 경력이 훨씬 많고 실제 직급도 높은 부하직원과 일하는 건 여러모로 어색하고 심지어 불안한 경험일 수도 있다. 나 역시 처음엔 그랬다. 하지만 그 긴장을 잘 극복하고 파트너십만 잘 맺을 수 있다면 예상을 뛰어넘는 시너지를 만들어낼 수 있다.

나와 함께 일했던 그 부하직원의 이름을 레이라고 하자. 그와 일을 시작할 당시 레이는 나보다 레벨이 높았다. 더군다나 내가 IC 디자이너로 일하고 있을 때 규모가 꽤 컸던 옆 팀의 팀장이 바로 레이였고 그의 명성 또한 대단했다. 그러던 어느 날 레이가 팀장에서 팀리더 디자이너로 직책을 바꿨다는 소식을 들었다. 나는 그 비슷한 시기에 팀장이 되었고 그러고 나서 몇 달 후 내가 레이의 팀으로 합류해서 함께 일하게 되었다.

그때는 팀장 일도 서툰 상태였던 데다가 나보다 경험과 실력이 뛰어난 사람까지 부하직원으로 두게 되니 감정적으로 매우 불안하고 어색할 수밖에 없었다. '내가 도움이 될 수는 있으려나', '나의 부족함이 들통나서 팀원들에게 내 흉을 보진 않을까' 하는 생각에 처음 몇 주간을 온통 긴장 속에서 보냈다.

주변에 도움을 요청하니 다들 비슷한 조언을 들려주었다. 레이를 수직관계로 생각하지 말고 파트너로서 편안하게 알아가는 노력을 해보라고 말이다. 나는 최대한 부담을 내려놓고 서로의 관심사와 고민거리, 일에 대한 감정 등을 공유하며 그의 스타일과 관점을 서서히 알아가는 시간을 가졌다. 그러다 보니 점점 파트너십의 형태가 보이기 시작했다.

레이는 메타에 입사하기 전 창업을 한 경험도 있어서 새로운 기회를 찾고 비전을 세우는 데 강점이 있었다. 게다가 그 비전을 피칭하는 실력도 아주 기가 막혔다. 어떤 프로토타입이든 빨리 그리고 정말 잘 만드는 데다가 쇼맨십 또한 출중해서 회의 자리에 모인 사람들을 단번에 사로잡았다. 나는 우리 팀의 새로운 비전과 전략 수립을 전적으로 레이에게 맡기고 이에 필요한 것들을 지원해주었다. 예를 들면 다음과 같은 식이었다.

실리콘밸리에선 어떻게 일하나요

레이(IC 리더)	나(관리자)
새로운 프로덕트 아이디어를 떠올린다.	새로운 목표 수립에 도움을 주고 이를 미리 상급 리더에게 보고하여 기대치를 세워놓는다.
비전을 세우고 팀의 모멘텀을 만들어내기 위한 프레젠테이션을 한다.	프레젠테이션 준비와 프로토타입 제작에 도움을 줄 주니어 팀원 한 명을 붙여준다.
회사의 임원들에게 비전을 발표한다.	발표 전 임원진 회의에서 들은 최신 정보들을 제공하며 발표를 성공적으로 할 수 있도록 돕는다. 발표 후 피드백을 수집하여 개선할 부분을 공유한다.
팀과 함께 프로젝트를 본격적으로 시작한다.	프로젝트에 집중할 수 있도록 일부 업무를 다른 팀원에게 분배한다. 중요도가 낮은 일은 가지치기를 통해 없앤다.
평가 시즌에 임팩트를 발표하고 그다음 분기의 기대치와 목표를 잡는다.	임팩트를 제대로 이해하고 성과에 대한 평가를 해준다. 강점을 계속해서 살려주며 업무에 동기부여를 한다.
과정 전체에 걸쳐 끊임없이 피드백을 주고 받으며 좋은 파트너십을 유지한다.	과정 전체에 걸쳐 끊임없이 피드백을 주고 받으며 좋은 파트너십을 유지한다.

이런 파트너십을 맺으며 프로젝트는 성공적으로 마무리됐다. 무엇보다 레이는 내게 어떤 부분이 도움이 되었는지 구체적으로 피드백을 해줬는데, 그 덕분에 나도 앞으로 어떻게 하면 더욱 좋은 파트너십을 맺고 성과를 높일지 방향을 잡아갈 수 있었다.

결국 레이의 아이디어는 보텀업 방식으로 조금씩 싹트고 자라 몇 년 후 페이스북 앱의 큰 부분을 차지하는 제품으로 출시되었다. 대부분의 사람들은 이 엄청난 프로젝트의 시작을 알지 못하지만 나는 아직도 그와 함께 논의했던 초기 아이디어가 어떠했는지를 생생히 기억하고 있다. 이러한 훌륭한 성과가 나오게 된 것은 무엇보다 디자인을 너무 잘하고 좋아하는 레이가 팀장에서 디자이너로 직책을 전환하여 디자인 일에 몰두할 수 있었기에 가능했다. 또한 그런 뛰어난 직원과 단단한 파트너십을 맺으며 지지해줄 팀장이 있었기 때문이다. 이 프로젝트의 성공은 바로 이러한 평행 트랙 제도가 있었기에 가능했다.

Author's Note 계속된 레이와의 인연

레이와 함께 일하다가 훗날 나는 AI팀으로, 그는 오큘러스 팀으로 가게 되었다. 앞서 2장에 등장했던 마리아가 오큘러스에서 다른 팀으로 이직을 계획하고 있을 때 10개 팀의 오퍼를 제치고 우리 팀을 선택해주었는데 그 이유 중 하나가 바로 레이의 추천이었다고 들었다. 레이가 나에 대해 너무 좋게 이야기했다는 것이다.

레이와 처음 함께 일하던 때를 떠올려보면 불안과 긴장이 가득했다. 그런 그가 훗날 내 팀에 훌륭한 팀 리더를 고용하는 데까지 도움을 주는 인연이 될 거라곤 생각도 못했다. 지금 당신과 함께 일하고 있는 어렵고 불편한 누군가도 훗날 좋은 파트너나 인연이 될지는 아무도 모른다.

관리자의 1순위는 '팀 빌딩'

한때 나의 상사이자 나중엔 멘토로서 관계를 유지했던 메타의 디자인 부사장이 한 사람 있다. 그는 프로덕트 기획, 코칭, 제품을 보는 안목이 있었고 여러 방면으로 강점이 많은 리더였다. 그분이 내게 늘 하던 말이 있다.

"관리자의 우선순위 1위는 무조건 세계 최고의 팀을 만드는 것이다."

그는 우리가 해내는 모든 일은 팀을 통해서 이뤄내야 한다고 강조했다. 그러기 위해서는 최고의 인재를 채용하여 코칭하고, 그들과 함께하며, 그들이 떠나야 할 땐 과감히 보내주고 또 그 자리를 채울 최고의 인력을 바로 데려올 준비까지 늘 해놓아야 한다고 말했다.

그는 또한 최고의 인재를 뽑는다는 건 더욱 어렵고 시간이 오래 걸리기 일이기에 관리자는 항상 24시간 '팀 구축 모드'여야 한다고 강조했다. 자신이 하루아침에 갑자기 팀장 일을 하지 못하게 되는 날이 와도 최소 몇 개월 동안은 팀원들 스스로 성과를 낼 수 있을 정도의 수준으로 팀을 만들어야 한다고 말이다.

빈 자리가 생겼을 때 채용을 진행하기 시작하면 이미 늦은 것이다. 그 사실을 잘 알기에 나는 미리 준비하기 위해서 회사 내부는 물론 외부에도 언제든지 데려오고 싶은 인재 후보들의 리스트를 만들어놓고 관리하곤 했다. 구글 스프레드시트에 '에버그린 파이프라인Evergreen Pipeline'이라는 제목으로 함께 일하고 싶은 프로필을 먼저 찾아놓고 가끔 이메일도 보내면서 '이런 팀이 있으니 궁금하면 연락하라'라고 틈틈이 귀띔해놓고 있다.

온라인에서는 링크트인, 트위터, 인스타그램, 미디엄 등의 채널을 통해 인재들을 찾았고 오프라인에서는 강연이나 콘퍼런스에서 마주치는 인재들을 리스트업하면서 인맥을 쌓았다. 자리가 생기면 언제든 바로 연락을 할 수 있도록 말이다. 늘 같은 분야의 사람들이 모이는 곳이 아니라 조금 더 다양한 곳에서 인재들을 찾으려고 여러 커뮤니티에도 참석했다. 물론 채용을 담당하는 헤드헌터가 따로 있지만 그래도 관리자라면 평소 자기 팀의 방향과 구조를 고려하며 직접 인맥을 쌓아두는 것이 효과적이다. 특히 경력직 고성과자일수록 상사인 팀장이 직접 접근하면 채용 성사 확률을 훨씬 높일 수 있다.

나의 에버그린 리스트가 늘어나면서 주변 팀장들도 이 리스트의 도움을 받기 시작했고 실제로 리스트에 있던 사람들 중 여러 명이 채용되기도 했다. 메타에서 내가 존경하던 리더 한 명이 "people is a long game."이라는 말을 했는데 인사人事는 역시 오랜 시간을 두고 해야 하는 일인 듯하다. 지금 당장 나와 함께 일하지 않더라도 한번 맺은 인연은 나중에 또 어떻게 될지 모르는 법이다.

바로 이런 게 '세계 최고 팀 구축'에 올인하는 자세가 아닐까? 평소 아무리 바빠도 사람을 관리하는 매니저라면 모름지기 24시간 팀 빌딩 모드여야 한다.

실리콘밸리에선 어떻게 일하나요

어려운 시기일수록 관리자의 중요성은 빛나는 법

2020년 코로나 이후, 미국 사회는 각종 인종차별 이슈로 또 한 번
들끓었다. 조지 플로이드 사망 사건(미국 미네소타주에서 경찰의 과잉진
압으로 비무장 상태의 흑인 남성 조지 플로이드가 사망한 사건)으로 블랙 라이
브스 매터Black Lives Matter 운동이 다시 한 번 크게 일어났고, 코로나로
인한 동양인 혐오Asian Hate가 거세지면서 아시안 혐오 반대 시위 또한
전국적으로 일어났다. 이외에도 코로나 관련 가짜뉴스, 대선 캠페인
과 관련한 정치적 긴장 등으로 인해 모두가 정신적·육체적으로 힘
든 시기를 보냈다. 그런 시기에 오히려 팀의 건강과 효율성을 유지
하기 위해 전적으로 힘썼던 팀장의 역할은 더욱 중요하게 빛났다.

힘든 사건이 줄줄이 일어나던 무렵, 나는 우리 팀원들을 모아 '체

크인'하는 시간을 가졌다. 당시 재택 근무 상황이라 서로 얼굴도 보지 못하고 혼자 괴로워하고 있는 건 아닌지 걱정이 되어 업무와는 전혀 관련 없는, 그저 서로의 얼굴을 보고 안부를 확인하기 위한 자리를 만들었다.

나의 이야기로 먼저 말문을 열었다. 자가 격리로 인해 장기간 고립된 가족의 힘든 일, 인종차별에 관한 생각, 회사의 사회적인 책무와 나의 역할 등등 힘든 일들을 솔직하게 털어놓은 후, 팀원들에게는 원하는 만큼만 공유하자고 했다. 아무 말 안 하고 그저 듣기만 해도 된다고, 그냥 서로 같이 있어주면 된다고도 말했다. '진짜 괜찮은 거니?**How are you? Really?**'라는 질문으로 서로의 마음 상태를 물었다.

내가 먼저 털어놓고 나니 팀원들도 자신의 속상한 마음을 하나씩 털어놓기 시작했다. 눈물도 보이고 서로 진심 어린 위로를 건네면서 그렇게 마음의 짐을 내려놓았다. 그렇게 한 명 한 명 이야기가 거듭될수록 처음에 다소 가라앉았던 분위기가 조금씩 가벼워지는 것을 느꼈다. 미팅이 끝나고 팀원들이 준 피드백도 그러했다. 서로의 진정성 있는 모습에서 안정감과 유대감을 느꼈고 그 덕분에 힘이 났다며 고마워했다.

이런 시간 외에도 나는 코로나 기간 내내 팀의 정신적 건강을 위해 힘썼다. 코로나가 지속되면서 재택근무 때문에 시간 관리에 어려움을 겪는 팀원들에게는 시간 관리를 잘할 수 있도록 코칭해주고 늦은 밤까지 일하지 않도록 내가 먼저 야근하지 않는 모습을 보이려고 했다. 퇴근 시간 이후에 메시지나 알림이 가지 않도록 하는 것은 물론 업무 내용의 가지치기도 더욱 엄격하게 도왔다. 절대 이른 아침 시간에 회의를 갖지 않도록 해서 그 전날 완성하지 못한 일은 오전에 완성할 시간을 주었고, 매일 점심 시간은 한 시간씩 '회의 없는 시간'으로 정해 소위 '데스크톱 다이닝'이라 불리는 컴퓨터 앞에서 점심 먹는 일이 없도록 도와주었다.

이렇게 어려운 시기일수록 팀이 직면한 어려움을 파악하고, 안전한 문화를 조성하고, 팀원 개인의 대응 방식을 알아가며 적절한 조치를 취하는 것이 너무나도 중요했다. 내가 팀에 올인할 수 있는 온전한 풀타임 관리자라는 게 그때만큼 다행인 적도 없었다. 내가 팀을 위해 애쓰는 만큼 내 상사 또한 나를 도와주었고 회사는 그런 관리자들을 지지해주었다.

팀이 없으면 업무의 결과가 없고, 업무 성과가 없으면 회사 역시 존재할 수 없는 법이다. 그만큼 직원들의 건강은 회사에 매우 중요하고 그것을 지켜나갈 책임은 관리자에게 있다.

이것저것 시도해볼 자유!

앞에서 두 평행 트랙을 왔다갔다할 수 있다고 했지만 책을 읽는 독자들 중에는 '설마 실제로 그러는 사람들이 몇 명이나 되겠어' 하는 의문을 가지는 사람도 있을 것 같다. 그래서 실제 내 주변에 커리어를 전환해 두 분야를 모두 경험한 사람들의 예를 들어볼까 한다. 가명을 사용하되 그들의 배경은 실제로 표기했다.

- **레이첼** 구글, 넷플릭스 등에서 시니어 디자이너로 일하다가 오큘러스에 입사해 팀장으로 활동했다. 이후 페이스북 앱으로 자리를 옮기면서 디자인 시스템과 프로세스를 이해하기 위해서 IC로 전환했다. 몇 년 뒤 팀장으로 다시 전환하여 페이스북 어시스턴트 팀에서 활약하고 있다.

- **브래드** 구글에서 팀장으로 일하다가 IC로 전환해서 더 실력을 쌓은 후, 메타에 다시 팀장으로 입사했다. 현재는 메타의 모든 디자인 시스템을 총괄하는 리더로 페이스북 앱의 정체성을 좌우하는 책임을 맡고 있다.

- **알렉스** 〈USA 투데이USA Today〉에서 팀장으로 일하다가 실리콘밸리에서 디자이너 경험을 쌓기 위해 IC로 합류했다. IC 경험 후 바로 팀장으로 다시 전환해 훌륭한 디자인 팀을 설립하고 성장시켰다. 약 2년 만에 다시 열정 있는 분야에서 직접 디자인을 경험하고 싶다며 다시 IC로 전환해 일했다. 현재는 그 분야에서 다시 관리자로 전환하여 디렉터로 활동 중이다.

- **메기** 메타에서 리드 디자이너로 오래 활약하다가 팀장으로 전환했지만 IC의 생활에 그리움을 느껴 다시 IC로 돌아갔다. 한동안 회사의 중요하고 어려운 분야에서 팀 리더로 활약하다가 이후 자신의 회사를 창업하기 위해 퇴사했다. IC와 팀빌딩 경험 모두 분명히 창업에 큰 도움이 될 것이다.

- **리사** 여러 회사들에서 디자인 리더로 활동하고 창업해 자기 회사를 오랜 세월 운영하다가 메타에 팀장으로 합류했다. 2년 후

IC로 전환한 후 페이스북 앱과 오큘러스에서 대규모 프로젝트들을 이끌며 큰 활약을 했다.

이 리더들의 공통점은 디자인 커뮤니티에서 매우 존경받고 있는 리더들이고 모두 최소 7년씩 메타에서 근무했다는 점이다. 평행 트랙이라는 두 가지 진로 옵션이 존재했기 때문에 메타는 이런 실력자과 오래 함께할 수 있었다. 이런 케이스가 점점 늘자 양방향 커리어 평행 트랙 개념이 점점 알려지게 됐고, 더 경쟁력 있고 강점이 뚜렷한 리더로 성장하기 위해 아주 효과적인 수단이라는 인식이 생겨났다.

내 주변의 동료 리더들 외에 유명한 리더들 가운데에도 이런 사례는 많다. 스티브 잡스, 셰릴 샌드버그, 버진 그룹의 리처드 브랜슨 등이 그들이다. 커리어를 길게 보고, 이것저것 시도해볼 수 있는 자유, 매력적이지 않은가?

메타의 최초 '디자인 전략가'가 되기까지: 나의 평행 트랙 이야기

나는 2015년 입사 후 팀에서 리더로 활동하다가 2017년에 팀장으로 전환했다. 이후 AI팀에서 새로운 팀을 설립하고 성장시켰다. 2021년에는 그동안 관심이 있어서 꼭 해보고 싶었던 AI 윤리팀에서의 활동을 메타에서의 마지막 챕터로 삼기로 결심하고 IC로 전환했다. 이러한 결정을 내리는 과정에서의 경험과 감정들을 솔직하게 풀어보려 한다.

2020년 겨울, 나는 커리어 전체를 통틀어 가장 어려운 결정 앞에서 고민을 하고 있었다. 바로 오래전 나와 한 약속을(10년에 한 번 안식년 갖기) 지키기 위해 이 회사에서의 마지막 해를 어떻게 보낼지 결정하는 것이었다. 설립 2년 만에 안정적으로 자리를 잡은 AI팀에서 계속해서 수석 팀장으로 지내다 떠날 것인지, 아니면 다시 새로운 도전을 해보고 떠날 것인지의 두 갈래 길 앞에서 깊은 고민을 했다. 새로운 도전이라 함은 완전히 새로운 분야(나와 회사 둘 다에게)에서 IC 리드로 전환하여 완전히 새로운 일을 하는 것이었다. 정말 오랜 고민 끝에 결국은 마음의 목소리에 따라 후자를 택했다.

앞에서 언급했듯이 나는 몇 년 전부터 AI 윤리 주제에 관심이 많았고, 그 분야에서 내가 디자이너로서 기여할 수 있는 게 뭔지 알아보고 싶었다. 기술과 디자인, 공공의 선善의 교차점에서 세상에 공헌하는 것이 나의 사명calling이라는 생각이 들었다. 이 분야가 사회에 끼치는 영향력이 연구를 통해 점점 밝혀지면서 세계적으로 이슈가 되긴 했지만 여전히 알고리즘에 관한 해결책만 논할 뿐 디자인적인 해결책(영어로 흔히 'Big Design'이라고 부르며, 광범위한 디자인, 인터랙션, 시스템, 서비스 디자인 등을 포함한다)은 제대로 논의되고 있지 않는 실정이다. 사람들에게 끼치는 영향과 가치에 대해 고려하고 이를 제품에 반영하는 분야는 디자인인데 말이다. 나는 이 주제에 관심이 생겨 혼자서 책과 강의를 찾아보며 이론을 배워보았지만 그럼에도 갈증이 채워지지 않아서 결국 직접 뛰어들어야겠다는 결론에 이르렀다.

이런 생각을 했을 당시 메타에는 AI 윤리팀이 없었다. 하지만 나는 생기는 건 시간 문제라고 여기며 때를 기다렸다. 그리고 2020년 중반, 드디어 첫 팀이 탄생했다. 하필 내가 안식년을 위해 퇴사를 계획하던 시기였다. 시간이 얼마 없었다. 나는 결국 떠나기 전에 마지막 도전을 해보자는 생각으로 상사에게 직책 전환을 요청했다. 상사는 내가 오래전부터 이 분야에 관심이 많았던 걸 알았고 내 강점을 잘 이해하고 있던 터라 요청을 받아들였다. 마침 그해 초반에 훗날 나를 대체할 수 있는 부하직원 팀장 두 명을 고용해서 나의 빈 자리에 대한 대비도 미리 해놓은 상태였다.

나의 옛 상사에게 보고했으니 이제 새로운 상사와 만날 차례였다. 여기서 재밌었던 사실은 그 윤리팀의 상사가 될 팀장이 바로 내가 고용한 부하직원 중 한 명이었다. 그를 더스틴이라고 하자. 내가 관리자에서 IC로 직책을 전환하면서 한때 부하직원이던 사람이 내 상사가 된 것이었다. 내 결정을 전해 들은 더스틴은 처음엔 당연히 놀라워했다. 하지만 이내 파트너십 관계를 맺으며 자신의 팀을 이끌어줄 리드가 생긴 것에 기쁨과 반가움을 표했다. 이렇게 리더십 경험이 있고 전략 구축에 강점을 가진 높은 직급의 IC를 고용하는 건 하늘의 별 따기였기 때문이다. 그렇게 우리는 AI 윤리 디자인팀을 개척하고 가능성을 높여보자는 미션으로 파트너십을 맺었다.

이렇게 나는 메타에서 보내는 마지막 해였던 2021년을 AI 윤리팀의 IC 디자인 리드, 구체적으로 메타의 1호 디자인 전략가Design Strategist의 직책으로 일하게 되었다. 마치 3년과도 같았던 1년여의 시간이었다. 이 선택으로 내가 진정 해보고 싶었던 일을 하면서 조직에도 기여하고 나와의 약속도 지킬 수 있었다. 이런 독특하면서도 뜻깊은 메타에서의 마지막 경험을 가능케 한 것 역시 모두 평행 트랙 제도 덕분이었다.

6

STRENGTH-BASED
CULTURE

잘할 뿐 아니라
즐기는 그 일을 하라

WHAT

메타에서 정의하는 '강점'의 뜻을 들었을 때 정말 신선하다고 느꼈던 기억이 아직도 생생하다. 메타에서는 '강점'을 단순히 '잘하는 것'이 아니라 '즐기는 것'이라고 정의한다. 즉, 강점에 맞는 일은 오랜 시간 지속했을 때 에너지가 소비되는 것energy draining이 아니라 충전되어야energizing 한다는 의미다. 다시 말해 장기간 즐기면서 일할 수 있기 때문에 시간이 지날수록 남보다 배로 강점을 더욱 발달시킬 수 있다는 얘기였다.

나는 이 말을 들으며 생각했다. 사실 지금 우리가 잘하는 일은 그저 다른 일보다 좀 더 일찍 접했기 때문이 아닐까? 단순히 기술을 훈련할 시간이 많아서 잘하는 것은 아닐까? 그리고 그 일이 자신이 정말 즐기는 일이 아니라면 과연 얼마나 오래 지속할 수 있을까? 어떤 일을 정말 잘하지만 사실 그 일을 좋아하지는 않는 A라는 사람이 있다고 해보자. 어떤 일을 아직 잘하진 않지만 정말 좋아하는 B라는 사람과 A를 경쟁시키면 장기적으로 어떤 결과가 나올까? 단순히 '잘하는 사람'은 '즐기는 사람'을 따라잡지 못할 것이다. 그리고 바로 이런 이유 때문에 메타에선 '즐기는 마음'이 바탕이 된 강점을 강조하고, 그러한 문화를 지켜나간다.

강점 기반의 조직문화에서는 어느 정도 실력에 이르면 단점을 고치기보단 강점을 더욱 키워서 최고의 전문가로 만드는 데 집중한다.

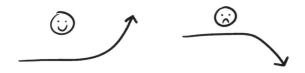

그렇게 모두가 강점을 찾고 살려서 성장할 수 있도록 회사가 길을 마련해주는 것이다. 결과적으로 구성원들 모두가 자신의 강점을 회사의 방향과 일치시켜 일하며 성장한다.

간단한 예를 들어보자. 다섯 가지 기술을 그럭저럭할 줄 아는 다섯 명으로 이루어진 조직 A와 각자 한 가지 기술을 마스터한 다섯 명이 있는 조직 B가 경쟁을 하면 어떤 조직이 유리할까? 당연히 B가 유리할 것이다. 다시 말해 강점 기반 문화는 조직의 성과에도 절대적으로 유리한 전략이다.

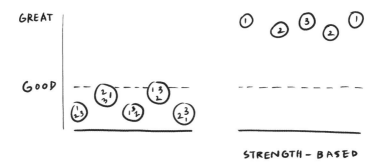

나도 IC 시절에는 강점을 찾고 키워서 공헌할 수 있다는 측면에 매료되었고, 관리자 시절에는 업무 분담 시 그 일을 즐길 수 있는 사람한테 맡기니 팀의 성과와 만족도를 함께 높일 수 있어서 좋았다. 게다가 관리자 직책도 예외 없이 강점 기반의 성장을 독려했기 때문에 나도 끊임없이 리더로서의 강점을 찾고 발전시키는 기회가 되었다.

나는 이 조직문화가 회사의 경쟁력에도 도움이 되지만 개인의 업무와 삶에도 많은 도움이 된다고 단언할 수 있다. 내가 특별히 잘할 수 있는 차별화되는 일을 맡았을 때 조직에 대한 소속감과 회사생활의 만족도가 확실히 더 높았던 것 같다. 내가 맡은 일이 아무나 할 수 있는 일이 아닌 나만의 강점으로 이루어낼 수 있는 성과라는 생각이 들었기 때문이다. 이는 업무에 대한 사명감도 높였고 그에 따라 결과의 완성도도 향상될 수 있었다.

이처럼 직원, 일, 조직 모두의 시너지를 높이는 강점 기반의 조직문화를 이제부터 자세히 살펴보도록 하자.

강점을 이루는 다섯 가지 요소

'강점'이란 말을 들으면 보통 기술적인 능력만 생각하기 쉽다. 그러나 내 경험에 비춰보면 다음과 같은 요소들을 통합적으로 고려해야 한 사람의 강점을 제대로 이해하고 정의할 수 있다. 나를 예로 들어 각각의 요소를 간단히 설명하면 다음과 같다.

1. **기술 '어떤 소질과 능력을 갖고 있는가?'**
   - 예: 새로운 콘셉트 구상, 시스템 디자인, 스토리텔링 등

2. **문제 접근법 '남들과 다르게 보는 관점이 있는가?'**
   - 예: 다양한 문화를 경험한 덕분에 글로벌적인 시각으로 사람들에게 끼치는 영향을 꼼꼼히 살필 수 있다.

3. **행위 '어떤 일을 할 때 즐거움을 느끼는가?'**
   - 예: 새로운 미래의 비전을 그리고 스토리텔링하며 관중을 흥분시킬 때 즐겁다.

4. **관심 분야나 가치관 '어떤 주제가 심장을 두근거리게 하는가?'**
   - 예: 다양성 존중과 평등에 관한 주제에 관심을 갖고 공헌하고자 하는 마음이 있다.

5. **업무 스타일 '어떤 스타일로 일할 때 가장 효율이 높은가?'**
   - 예: 팀과 함께 일하되 혼자서 조용히 구상할 시간도 필요하다. 50:50의 비율이 효율적이다.

이러한 요소들을 통합적으로 고려하면 이런 사람이 해야 할 프로젝트나 업무가 대충 감이 잡힐 것이다. 소질도 있는 데다가 심장이 뛰는 일을, 자신의 스타일에 맞게 한다면 일을 마치 놀이처럼 즐기면서 모두에게 최선의 결과를 가져올 수 있다. 따라서 상사로서 프로젝트에 맞는 부하직원을 찾고 배치할 때, 또는 반대로 부하직원의 강점을 찾아서 프로젝트를 맡길 때, 위와 같은 다양한 요소들을 충분히 고려하기를 권한다.

강점 기반 문화를 제대로 확립하는 법

조직의 리더들이 강점에 대해 말만 하고 실천을 하지 않으면 직원들의 실망과 불신만 키울 뿐이다. 강점 기반 문화를 제대로 확립하기 위해서는 다음과 같이 모든 업무의 단계마다 그리고 통합적으로 강점에 포커스를 맞출 필요가 있다.

1 조직 비전 _'조직의 비전은 무엇이고 어떠한 강점을 살려 달성할 것인가?'_

먼저 조직부터 강점 기반 문화를 실천하는 데 모범을 보인다. 즉, 우리 조직만의 차별화되고 독보적인 강점이 무엇인지 고민하고 그 강점을 기반으로 조직의 비전을 정립하는 것이다. 예를 들어 메타만의 차별된 강점은 '소셜'에 있었다. 그래서 메타 검색팀은 구글 검색팀과 달리 '소셜'이라는 강점을 바탕으로 비전을 그려갔다. 즉, 사용자들이 친구와 지인들의 관심사를 통해 새로운 콘텐츠를 검색할 수 있도록 제품을 설계하는 것이 메타 검색팀의 비전이었다.

2 팀 빌딩 _'조직의 비전과 개인의 강점은 어떻게 일치하는가?'_

팀을 설계할 때는 특히 팀 리더들의 강점이 조직의 비전과 어떻게 일치하는지 찾아야 한다. 여기서 '일치'는 비전에 맞춰 나의 강점을 찾고 키우고 훈련하여 이를 충분히 발휘할 수 있는 기회를 뜻하는 말이다. 즉, 리더는 조직의 비전을 달성하기 위한 일들을 직원이 자신의 강점을 발휘하고 키워나갈 수 있는

실리콘밸리에선 어떻게 일하나요

방향으로 잘 연결시켜줘야 한다. 예를 들어 어떤 직원이 새로운 콘셉트를 구상하고 임원들에게 피칭하는 데 강점이 있다고 해보자. 그 직원에게 일을 맡길 때는 그의 강점이 우리 조직의 비전에 얼마나 중요한 역량인지 그리고 실제로 업무에서 그러한 역량을 훈련할 기회가 얼마나 많은지에 포커스를 맞춰 전달해야 한다.

3 업무 배분 '어떤 강점이 이 업무에 가장 적합한가?'

커리어 상담을 통해 팀원들이 키워나갈 강점을 이해한다. 그리고 프로젝트에 필요한 강점과 팀원의 강점을 최대한 연결시켜주도록 한다.

4 피드백 '예측이 맞았는가? 조율이 필요한가?'

프로젝트를 진행하는 과정에서 팀의 강점이 제대로 발휘되고 있는지, 개인의 역량과 부합하고 있는지 등 피드백을 받아 업무 내용을 조율해보는 시간을 갖는다.

5 리뷰 '앞으로 더 성장시켜야 할 강점은 무엇인가?'

팀원들의 지난 성과를 살펴보며 강점 중심적인 평가를 할 수 있도록 도와준다. 대부분의 사람들은 평가를 할 때 10퍼센트의 부족한 면에 집중을 하고 90퍼센트의 잘한 일은 까맣게 잊어버리곤 한다. 이때 90퍼센트의 강점에 포커스를 맞춰 어떻게 하면 잘하는 것을 더욱 잘하게from 'good' to 'great' 할 수 있을지 알려주어야 한다. 또한 부족한 부분에 대해서는 과감히 포기하는 결정을 내릴 수 있도록 도와준다. 결국 직원이 자신의 강점을 더 살려 그 분야의 최고 전문가가 되는 목표를 세우도록 유도한다.

WHY

조직 전체의 성과에 유리하다

강점 기반 문화가 꼭 필요한 이유는 궁극적으로 그것이 조직 전체의 성과를 높여주는 중요한 요소이기 때문이다. 앞서 다섯 명으로 이루어진 조직 A와 B의 예시를 들어 직원 모두가 자신의 강점을 회사가 가고가 하는 방향과 일치시킬 때 조직 전체의 성과에 유리하다는 점을 설명한 바 있다.

모두의 목적의식이 향상될 수 있다

강점 기반 문화는 기본적으로 개인에 대한 성찰에서부터 시작된다. 자기 삶의 지향점을 먼저 생각하고 그다음 자신의 일이 그곳으로 가는 과정에서 어떤 성장과 기회의 발판이 될지 고민하는 것이다. 그런 관점에서 생각하면 일에 대한 목적의식이 더욱 강해진다. 자신의 일에서 '의미'를 발견할 줄 아는 사람은 그 누구보다도 문제 해결력과 회복 탄력성이 강하다.

업무의 완성도, 일의 만족도가 높아진다

높은 성과는 높은 목적의식과 만족도에 비례한다. 내가 맡은 일이 대체 가능한 일이 아니라 내가 가진 역량으로만 할 수 있는 일이라는 생각이 들면 업무에 대한 사명감이 높아진다. 그리고 그런 사명감으로 하는 업무는 몰입과 디테일이 남다를 수밖에 없다. 그러다 보면 당연히 일에 대한 만족도도 올라가고 나의 강점이 조직의 비전 달성을 위해 유용하게 쓰인다는 보람 크게 또한 느낄 수 있다.

커리어 성장과 관리에도 유용하다

계속해서 자신의 약점을 보완하려는 것보다 강점을 키워서 경쟁력을 쌓는 것이 커리어 관리에 훨씬 유용한 전략이다. 피터 드러커의 말처럼 조직이 누군가를 고용하는 이유는 그 사람의 강점 때문이기에 그렇다. 바로 이런 이유들로 강점 기반 조직문화는 고성과자들의 채용과 유지에 매우 중요한 역할을 한다. 하루 중 대부분의 시간을 일터에서 보내는 직장인이라면 누구나 그 시간이 즐겁고 의미 있기를 바랄 것이다. 조직은 일을 잘하는 사람이 자신의 일을 즐기면서 회사에 성과를 가져다주도록 강점 기반 문화를 제대로 확립하고 이를 적재적소에 활용할 수 있어야 한다.

POTENTIAL PROBLEMS

약점에는 전혀 신경 쓰지 않아도 되는 걸까?

일단 대답하자면 "약점에 따라 다르다."고 밀할 수 있다. 다음과 같이 약점을 두 종류로 나눠 생각해볼 필요가 있다.

첫째, 무시할 수 있는 약점이다. 약점 중에서는 강점으로 충분히 보완 가능하거나 자신의 업무에 거의 영향을 주지 않는 약점이 있다. 또는 상반되는 강점을 가진 사람과 파트너십을 맺으면서 보완가능한 약점도 있다. 예를 들어 코딩은 너무 잘하는데 발표를 잘하지 못하는 사람이 있다고 해보자. 코딩의 우수한 결과물 자체가 그 사람의 약점을 상쇄한다면 그 약점은 무시해도 된다. 혹은 자신의 성과를 멋지게 발표해줄 사람과 파트너십을 맺어 일하면 자연스럽게 해결될 수 있다.

그렇다면 개선해야 할 약점은 무엇일까? 조직의 제도나 문화에서 용납되지 않는 행위는 무시할 수 있는 약점의 관점으로 바라볼 수 없다. 이러한 행위는 반드시 강도 높은 경고Red flag를 통해 고치거나 개선하도록 조치를 취해야 한다. 예를 들어 발표는 잘하는데 남의 성과를 가로채는 유형이라면 그건 경고 대상이다. 어떤 다른 역량이나 인력으로 대체할 게 아니라 반드시 고쳐야 하는 것이다.

위의 두 가지 경우를 스티브 잡스와 스티브 워즈니악의 유명한 사례를 통해 살펴보자. 워즈니악은 코딩에 있어선 뛰어난 전문가였지만 그것을 제품화할 비전과 세일즈 능력이 없었고, 잡스는 그 둘을 갖추었지만 코딩을 할 실력은 되지 않았다. 이 각자의 강점을 가지고 서로의 부족한 점을 완벽히 보완해줄 파트너를 찾으면 굉장한 시너지의 결과물이 나온다.

한편 잡스의 전기에 따르면 그는 가끔 부하직원들에게 선을 넘는 행동이나 발언을 꽤 여러 번 했다고 한다. 만약 그런 직원이 있다면 조직이 그런 언행에 대해서는 관용을 베풀지 않겠다는 강한 경고의 메시지를 보내 조직과 문화를 보호할 필요가 있다.

알다시피 강점과 일치하는 일만 할 수는 없다

현실적으로는 물론 모든 사람이 늘 강점과 일치하는 일만 할 수는 없다. 그럼에도 나는 끊임없이 탐구하며 방법을 찾아보라고 말하고 싶다. 가령 업무에서 현실적인 수준으로 기대치를 조정하고, 최대한 다양한 기회를 찾아볼 수 있도록 관리자와 팀원 서로 노력해야 한다. 아울러 모든 업무를 강점을 찾는 기회의 측면에서 바라보며 많은 대화의 시간을 가져야 한다. 강점은 일을 하면 할수록 더 잘 알게 되기 때문이다. 만일 다양한 시도 후에도 팀이나 조직 전체에 그 사람의 강점과 일치하는 일이 없다는 결론에 이르면 다른 조직을 찾아볼 것을 권한다.

TIPS

나의 강점이 무엇인지 모르겠다면

강점을 찾아본 경험과 기회가 없었더라도 괜찮다. 지금부터 시작하면 된다. 다음과 같은 몇 가지 방법을 추천한다.

1 **회사의 도움** 먼저 회사가 정의하는 '강점'과 '강점 기반 문화'가 무엇인지를 정확히 파악하도록 한다. 보고 배울 롤모델이 될 만한 리더가 있다면 그들을 멘토로 삼는다. 메타는 '강점 찾기 strength finder'라는 수업을 직원들에게 제공하여 강점 기반 조직 문화의 개념을 제대로 이해하고 활용할 수 있도록 도왔다.

2 **주변 동료의 도움** 주변에 함께 일하는 가까운 사람들에게 피드백을 받는다. 동료 다섯 명으로부터 자신의 강점 세 가지만 뽑아 달라고 말해보자. 그 강점이 발현된 예시도 적어달라고 하면 금방 유용한 데이터가 쌓일 것이다.

3 **과거 패턴의 분석** 실제로 내가 '강점 찾기 연습 문제'로 받아봤던 질문들 중 가장 기억나는 것은 대부분 과거의 패턴을 분석하는 내용이었다. 우리가 어렸을 때 무의식적으로 하는 일들이 본능적으로 즐기고 잘하는 일일 가능성이 크기 때문이다. 예를 들어 "어렸을 때 시간 가는 줄 모르고 했던 활동은 무엇인

가?", "내가 한 일 중 가장 자랑스러웠던 일은 무엇인가? 그 이유는?", "최근 직장생활을 하면서 가장 기뻤거나 만족감을 느낀 날은 언제였는가?" 등의 질문을 던져볼 수 있다. 이런 식으로 과거의 패턴을 분석해보면 유의미한 데이터가 생긴다.

4 **새로운 패턴 찾기** 과거의 패턴 외에 현재 또는 미래의 패턴을 찾는 연습도 해본다. 우리의 감정은 우리 내면의 언어와도 같아서 그 감정들을 인지하고 기록하면 앞으로의 패턴 또한 발견할 수 있다. 이러한 데이터들이 쌓이기 시작하면 팀장과 공유하며 함께 분석하는 시간을 갖는다.

강점의 종류에 이름을 붙여라

조직 전체가 서로의 강점을 쉽게 파악하고 업무에 활용할 수 있도록 문서화한 '닉네임'을 정해놓으면 편하다. 메타에도 직책마다 그 분야의 강점을 분류한 닉네임들이 있다. 프로덕트 디자이너들의 강점을 일컫는 닉네임 중에는 비저너리visionary, 시스템 싱커system thinker, 장인craftsman, PM 하이브리드PM hybrid, 제너럴리스트generalist 등이 있었고 그에 대한 설명도 문서로 잘 정리되어 있어서 쉽게 소통이 가능했다. 예컨대 상사와 커리어 상담을 할 때나 프로젝트의 종류를 정의할 때 혹은 직원 채용을 논의할 때 이를 유익하게 활용하곤 한다.

강점 닉네임 예시

앞에 언급한 강점 닉네임을 간단히 설명해보겠다.

- 비저너리 기발한 장기 비전 콘셉트를 그리고 그것을 모두가 이해하기 쉽게 설명하고 설득시키는 강점을 지닌 사람
- 시스템 싱커 남들이 이해하기 어려운 복잡한 시스템을 간단하게 정리하여 풀 수 있는 강점을 지닌 사람
- 장인 남들이 잘 못 보는 디테일에 집중해 프로덕트를 차별화하고 완성도를 높이는 사람
- PM 하이브리드 프로덕트의 전체적인 그림을 그릴 수 있는 능력, 그리고 팀을 리드할 수 있는 강점을 동시에 지닌 사람
- 제너럴리스트 한 가지 뚜렷한 역량이 아니라 여러 강점을 두루 지녀 상황에 따라 적절한 강점을 골고루 발휘할 수 있는 사람
- 스페셜리스트 프로토타입, 애니메이션, 영상, 사운드 디자인 등 프로덕트 디자인에 필요한 한 가지 능력을 집중적으로 발휘하는 사람

엔지니어들 중에도 PM 하이브리드, 제너럴리스트, 스페셜리스트 등이 있으며, 이 밖에 '코딩 머신' 같이 엔지니어링 특유의 강점을 드러내는 닉네임도 있다. 코딩 머신의 경우는 특유의 강점을 집중적으로 키우고 발휘하기 위해 프로덕트 전략에 관한 회의는 건너뛰고 코딩에만 올인할 수도 있다. 관리자는 조직과 프로젝트의 니즈에 따라 이러한 강점을 고려하여 팀을 설계하고, IC6 이상이 되면 각자가 자기 강점 분야의 최고로 성장할 수 있게 보조해야 한다.

자기인식이 강한 사람을 채용한다

팀장급의 부하직원을 뽑거나 높은 레벨의 IC 리더를 채용해야 할 때 주변의 디렉터 멘토들에게 조언을 구한 적이 있다. "리더를 뽑을 때 가장 중요하게 봐야 할 부분은 무엇인가요?"라는 나의 질문에 그들은 모두 입을 모아 '자기인식 능력'이라고 말했다. 자기인식 능력이 없으면 아무리 좋은 코칭을 해줘도 성장에 한계가 있다고 하면서 말이다.

이렇듯 강점이 이미 뚜렷한 사람을 뽑는 것만큼 자신의 강점이 무엇인지 스스로 인지하고 발견할 수 있는 '자기인식 능력'이 강한 사람을 찾아내는 것도 중요하다. 이들은 일반적으로 자신의 강점을 더욱 잘 키워나가는 데 능력을 발휘한다. 또한 자신이 어떤 일을 할 때 에너지 소모가 많은지 혹은 충전이 되는지를 인지하고 있으며 자신만의 문제 접근법이나 기술적인 역량, 업무 스타일을 정확히 알고 이를 적재적소에 활용한다.

또한 자기인식 능력이 강하면 코칭의 효과와 성장 속도도 훨씬 더 빠르다. 평소 자신의 강점과 개선점을 객관적으로 잘 분석하는 사람들은 다른 사람들의 피드백을 건강하게 받아들여 자신의 강점을 키우는 방향으로 잘 활용하기 때문이다. 반대로 자기인식 역량이 낮으면 다른 사람의 피드백에 방어적으로 반응하거나 불편함을 느껴 건설적인 방향으로 나아가지 못하기도 한다.

개인의 강점과 조직의 방향성을 일치시킨다

당신이 관리자라면, 조직의 비전과 전략을 설명할 때 그것이 우리 조직의 강점과 어떻게 일치하는지에 포커스를 맞춰 말할 수 있어야 한다. 예를 들면 "왜 이것은 메타만이 할 수 있는 일이고 구글은 할 수 없는 일인가?"라는 식으로 설명하는 것이다. 그리고 그 비전을 달성하기 위해 팀의 강점을 어떻게 활용할지 설명해야 한다(예: "우리 조직의 비전을 달성하기 위해 나는 이러이러하게 팀을 설계했으며 그러한 구조 안에서 각 팀원들은 이러이러한 강점이 있는 업무를 맡게 될 것이다."). 그 후 팀원의 강점과 프로젝트의 연결고리를 찾아준다(예: "이 일을 제일 잘 해결할 사람은 당신밖에 없다.").

조직을 선택할 때도 자신의 강점과 조직의 강점이 서로 일치하는지 알아보고 선택할 것을 권한다. 프로젝트를 고를 때도 이 프로젝트에서 나의 강점이 효과적으로 발휘될 수 있을지 생각해보고 그에 대한 피드백을 상사와 솔직히 공유한다. 이를테면 지금 하는 일이 어떤 점에서 에너지 충전이 되는지 혹은 소비되는지 공유하는 것이다. 만약 실무자로서 새로운 프로젝트를 기획하는 단계라면 팀이나 조직의 강점을 고려해 구상한다(예: 이 조직이 가장 독보적으로 잘할 수 있는 일은 무엇일까?).

강점이 상호 보완될 수 있게 팀을 설계한다

당신이 관리자라면 강점이 다양한 팀원들을 뽑고 그들을 프로젝트의 비전에 따라 가장 효과적으로 배치할 줄 알아야 한다. 만약 관리자가 이런 절차를 소홀히 한다면 팀원들끼리라도 논의를 거칠 필요가 있다. 프로젝트를 본격적으로 시작하기 전에 팀원들끼리 서로 알아가는 시간을 가지며 강점에 대해 이야기하고 그에 따라 역할 분담을 하는 것이다. 자신의 강점과 파트너의 강점이 어떤 형태로 보완되는지 혹은 시너지를 발휘할 수 있는지 고려해서 파트너십이 강한 구조를 짜도록 노력한다.

강점 찾기에는 임원도 예외 없다

자신의 강점을 찾고 그것을 조직의 방향과 일치시키는 일에는 관리자와 임원들도 예외가 없다. 리더가 모든 분야를 두루 아는 제너럴리스트가 되어야 하는 건 사실이지만 모든 면에서 뛰어난 '사기 캐릭터'는 현실에 없는 법이다. 장기적으로 봤을 때 각 분야의 전문성이 뛰어난 리더들이 모여 협업하는 조직의 성과가 더 좋다. 상급 관리자와 임원들이라고 해서 무슨 획일적인 성장 경로가 있는 것은 아니다. 그들도 모두 예외 없이 자신만의 역량을 발휘해서 최고의 강점을 가진 리더들의 팀을 설립해야 한다. 메타에서는 흔히 리더들의 임무를 다음과 같은 유형으로 나눴다.

실리콘밸리에선 어떻게 일하나요

- **비저너리**Visionary 어떤 비전이든 간단하고 뚜렷하게 정리하여 모두가 이해하고 동의하게끔 스토리텔링하는 리더
- **오퍼레이터**Operator 어떤 복잡한 업무 프로세스도 개선점과 해결책을 찾아내서 새롭게 디자인하고 설계하는 리더
- **코치**People Coach 어떤 상황에서도 효과적으로 사람을 코칭하고 성장시킬 수 있는 리더
- **팀 설계자** Team Builder 어떤 규모의 팀도 효과적으로 디자인하고 동기를 북돋우며 좋은 협업을 유도하는 리더

자신과 강점이 비슷한 사람을 롤모델로 삼는다

마지막으로 자신의 강점을 발견한 후 지속적으로 성장시키기 위해서는 자신과 비슷한 강점을 가진 리더를 찾고 롤모델로 삼는다. 그 리더가 어떻게 자신의 강점을 잘 활용해 결과를 내고 성장하는지 관찰하다 보면 나만의 강점을 기반으로 한 성장 방향을 잡는 데 큰 도움이 될 것이다.

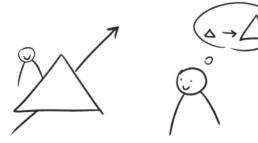

STORIES

강점을 더 발휘할 수 있는 곳은 어디인가?

앞서 팀장에서 IC 리더로 직책을 전환한 레이의 이야기를 기억할 것이다. 능력자 레이와 파트너십을 맺고 나서 모든 업무와 성과에 큰 발전이 있었다. 하지만 그런 업무 관련 파트너십 이외에 레이의 진로 설계와 팀 이전에 대한 결정에도 내가 도움을 줄 기회가 있었다. 많은 사람들이 당연히 자신의 강점을 고려하여 진로를 결정해야 한다고 '이론적으로는' 알고 있지만 현실에서 적용할 상황이 오면 그걸 너무 쉽게 잊어버리곤 한다. 레이의 경우도 다르지 않았는데 그때 레이의 강점을 상기시켜줌으로써 그가 중요한 결정을 내리는 데 도움을 주었던 것이다.

레이는 전체적인 경력도 긴 데다가 다방면으로 실력이 뛰어난 시니어 IC여서 여러 팀에서 스카우트 제의를 정말 많이 받았다. 2017년경 페이스북 뉴스피드에 전략적으로 아주 중요한 팀이 꾸려졌을 때도 레이에게 제안이 들어왔다. 레이는 그 오퍼를 진지하게 고려하며 나에게 상담을 요청해왔다. 나는 내 팀원을 붙잡기보다 그가 자신의 강점에 맞는 길을 찾고 성장하는 것을 임무이자 목표로 삼아왔기 때문에 그 관점에서 상담에 임했다.

나는 제일 먼저 그의 강점을 하나하나 짚어갔다. 앞서 말한 통합적인 요소를 고려하여 그가 어떠한 기술적인 스킬이 뛰어난지, 관심사와 가치관은 무엇인지, 어떤 업무 스타일을 선호하는지, 어떤 환경의 팀과 전략에서 그의 강점이 제대로 빛이 나고 활용될 수 있는지 등을 다방면으로 살펴봤다.

레이의 강점을 간단히 정리해보면 이러했다. 그는 새로운 콘셉트 구상을 잘하고 그 콘셉트를 실제로 출시된 제품처럼 비주얼화힐 수 있는 프로토타입 기술에 소질이 있었다. 또 최고 임원급을 완전히 사로잡을 수 있는 스토리텔링 실력을 가졌다. 그리고 소수의 구성원들로 팀을 설계하고 빨리빨리 효율적으로 일하는 것을 선호했다. 자기 업무에 집중하되, 업무 시간의 20퍼센트는 팀의 주니어들을 멘토링하는 데에 큰 보람을 느꼈다.

당시 레이는 이미 구상하기 시작한 콘셉트가 있었고 그의 팀원들 역시도 프로젝트의 비전에 몹시 들떠 있는 상태였다. 레이 또한 이 일의 잠재력에 대해 강한 확신을 갖고 있었다. 결국 이 프로젝트를 우리 팀에서 키워서 성공시킬 것인지, 아니면 새로운 팀으로 옮겨 전략상 회사에 큰 공헌을 할 새로운 프로젝트에 도전을 할 것인지 두 가지 옵션이 있는 셈이었다.

216쪽의 표는 레이의 강점에 기반해 두 가지 커리어 옵션을 비교 분석해본 것이다. 물론 내가 이러한 표를 직접 그리거나 한 것은 아니다. 다만 이러이러한 고려 사항이 있음을 조언해주었을 뿐이다. 레이는 이러한 프레임을 바탕으로 지금의 팀에서 이미 시작한 프로젝트를 진행하기로 결정 내렸다. 그것이 자신의 강점을 더욱 발휘할 수 있다는 판단에서였다. 그리고 그 프로젝트는 더 발전되어 메타 역사에 남을 큰 신규 프로덕트로 회사에 공헌하게 되었다. 이 업적을 세운 후, 나는 레이가 새로운 팀에 가서 완전히 새로운 도전을 하는 것도 전적으로 지지하며 도움을 주었다.

	나의 팀	새로운 팀
기술적인 강점 일치	현재 프로젝트에서는 레이의 강점을 충분히 발휘할 수 있다.	새로운 프로젝트는 아직 비전이 잡히지 않아서 어떤 식으로 레이의 강점을 발휘할 수 있을지 알 수 없다.
관심사 일치	현재 시작한 프로젝트의 잠재력을 생각하면 가슴이 뛴다. 그 비전을 이뤄보고 싶다.	조직의 미션은 가치관과 일치하지만 실제 어떠한 프로젝트가 생성될지는 아직 모른다.
업무 스타일 일치	이미 팀 구성원들과 신뢰 관계가 형성돼 있어 온전히 믿고 맡기는 구조로 일하고 있다. 레이 아래에 있는 주니어 팀원들 덕분에 그는 자신의 핵심 업무에 집중하며 선호하는 업무 스타일로 일할 수 있다.	새로운 팀에서는 처음부터 신뢰를 다시 쌓아야 한다. 또한 새로운 팀의 관리자는 톱다운 성향을 갖고 있기로 유명하다. 아무리 보텀업으로 시작하더라도 현재 팀처럼 전적인 지지를 받기는 힘들 것이다.

부족한 면을 보고 기죽었을 때 강점을 보며 자신감 얻기

내가 관리자로서 부하직원의 강점에 더 집중하고 그것을 충분히 발휘하도록 도와줄 수 있었던 이유는 내게도 그러한 도움을 준 팀장이 있었기 때문이다.

내가 메타에 입사하고 실리콘밸리식 업무 방식에 완전히 적응하기까지는 사실 꽤 오랜 시간이 걸렸다. 대학 졸업 후 처음으로 들어간 곳은 미국의 한 디지털 에이전시였다. 그곳에서 몇 년간 근무한 뒤, 북유럽으로 건너가 컨설팅 회사의 UX디자이너로 일하다가 메타로 오게 되었다. 북유럽과 미국의 업무 문화가 너무 달랐을 뿐만 아니라 컨설팅 기업과 IT 기업의 문화도 너무 상반돼 적응이 더 힘들었다. 문화 적응이 지체되자 자신감도 줄어들면서 실리콘밸리에서 흔한 '가면 증후군imposter syndrome'(자신의 성공이 노력이 아니라 순전히 운으로 얻어졌다 생각하며 불안해하는 심리)에 걸리기도 했다.

특히 당시 내가 합류하게 된 팀은 저커버그가 직접 관리하는 '긴급한 임무urgent goal'를 맡은 신규 팀이어서 이미 회사 내에서 실력을 인정받은 사람들이 가득했다. 대부분의 직원들이 애플, 트위터 등 다른 실리콘밸리 회사에서 경력을 쌓아온 디자이너들이었다. 그 쟁쟁한 능력자들 사이에서 내 자신감은 인생을 통틀어 가장 바닥을 치고 있었다.

당시 우리 팀의 팀장은 아직 정해지지 않은 상태여서 그보다 더 위의 직책인 디렉터가 우리 팀을 임시로 관리하다가 8개월 후 드디어 우리 팀을 총괄할 팀장이 합류했다. 그 팀장은 팀원 개개인의 배경, 관심사, 강점 등을 골고루 이해하고자 하는 모습을 보였다. 천천히 신뢰를 쌓아가며 개인적인 관심사, 포부, 일하면서 겪는 어려움 등에 대한 질문을 했다. 그러던 어느 날, 내가 진행 중인 프로젝트에 대한 설명을 끝내자마자 팀장이 물었다. "당신은 리더십이 강한 사람인데, 아직 그걸 발휘할 기회가 없었던 것 같아요. 그리고 그 문제에 접근하는 관점과 방법이 독특한데, 다른 사람들과도 좀 얘기해봤어요?"

'리더십'이라는 말에 나는 깜짝 놀랐다. "네? 제가요?"라는 말이 나도 모르게 튀어나왔다. 팀장은 아마도 내가 디자이너들 가운데 경력상 제일 막내였음에도 신입 디자이너들이 팀에 합류할 때마다 먼저 챙겨주고 도와준 모습을 보고 그렇게 생각한 것 같았다. 게다가 디자인팀 내에선 기가 죽어 있었지만 제품팀(개발자, 프로덕트 매니저, 리서치 등이 모인 곳)에선 내가 전략을 대부분 맡아서 하고 있다는 점이 인상적이었던 모양이다. 팀장은 나의 이러한 점에 주목해주었고 그밖에도 나의 독특한 성장 환경, 컨설팅 회사 경험, 사람들을 모아 비전을 설득시키고 주도적으로 이끄는 업무 스타일이 나의 강점임을 깨우쳐주었다.

앞에서도 언급했지만 사람은 대부분 자신의 부족한 면을 크게 부풀려 생각해 쉽게 주눅이 들곤 한다. 자기만의 독특한 강점에 집중해 자신감을 얻는 데 익숙지 않은 것이다. 나 역시 독특한 성장 배경에서 비롯된 나의 강점을 조직에서 발휘할 생각은 하지 못한 채, 남들과 비교하며 따라갈 생각만 하고 있었다. 저마다 강점을 갖고 있지만 너무 엄격한 자기 검열과 의심에 파묻혀 있을 때 상사가 그것을 발견하고 꺼내어주는 것이 얼마나 중요한지 그때 깨닫게 되었다. 팀장이 반복적으로 전하는 '너는 너로 충분해, 너만의 강점을 살려 적극적으로 시도해봐'라는 메시지를 받아들이자 1년 후 나는 전혀 다른 사람이 되어 있었다.

그렇게 여러 가지 나만의 강점들을 두루 활용하며 메타에서 몇 년을 다녀도 하기 힘들다는 내 아이디어로 제품을 론칭하는 경험도 얼마 안 돼서 하게 되었다. 당시 그 팀장의 도움으로 자신감을 회복하고 나만의 강점 찾기를 훈련하지 못했다면 메타에서의 삶은 지금과 전혀 달랐을 것이다.

약점 있는데 팀장해도 되나요?

나와 몇 년간 함께 일하면서 자신의 강점을 뚜렷이 보여준 디자이너의 이야기를 들려주려 한다. 그는 차분한 리더십과 PM의 성향을 두루 갖춘 타입으로, 팀원들에게 적절한 역할을 맡기고 협업을 잘 이끌어서 어려운 일도 척척 해결해나가는 강점을 가지고 있었다. 디자인팀이 성장하면서 신입사원들이 늘어나고 팀 제도가 변화하는 과정에서도 정말 많은 부분을 주도적으로 맡아 해결 방안을 찾아내는 사람이었다.

나는 이미 일대일 미팅 때 그와 커리어 목표에 대한 여러 이야기를 나누었고 그가 언젠가는 관리자의 길로 가고자 하는 마음이 있다는 걸 알았다. 그래서 가급적이면 그 목표와 관련된 업무를 맡기며 역량을 키워가려 했었다. 그런 그에게 단 한 가지, 약점으로 언급되는 것이 있었으니, 바로 비주얼 디자인 역량이 부족하다는 점이었다. 그는 자신이 이 부분을 더 보완해가야 할지 아니면 팀장이 될 준비를 해야 할지를 놓고 내게 상담을 요청해왔다.

우리는 함께 분석해보기로 했다. 비주얼 디자인에는 크게 두 가지 종류가 있다. 첫째는 UI/UX에서 디자인 시스템대로 픽셀 디테일을 정확히 지켜서 디자인하는 픽셀 크래프트pixel craft이고, 둘째는 UI/UX 외에 프레젠테이션이나 홍보 포스터를 그래픽적으로 예쁘게 디자인하는 미적인 측면aesthetics이 그것이다. 그 디자이너는 두 번째 디자인에서는 조금 아쉬운 부분이 있었지만 첫 번째 디자인 역량은 아주 뛰어났다.

문제는 많은 디자이너들이 이 두 가지를 뭉뚱그려 생각하는 경향이 크다는 것이었다. 나는 이 두 역량은 엄연히 다르고 그 기술의 쓰임도 다르기 때문에 깊게 분석해볼 필요가 있다고 봤다. 첫 번째 크래프트는 디자인적인 안목과 디테일에 대한 관점이 있어야 팀이 개선할 부분을 코칭하고 바로 잡아줄 수 있기 때문에 리더로서 아주 중요한 역량이었다. 그러나 두 번째 미적 측면은 있으면 좋지만 리더에게 굳이 없어도 되는 역량이었다. 비주얼적으로 멋진 발표를 준비해야 한다면 그 방면에 강점이 있는 사람과 파트너십을 맺거나 아웃소싱으로 충분히 해결할 수 있다. 그리고 이미 템플릿으로 만들어진 발표 자료들이 너무 많아 자신의 디자인을 발휘할 기회도 현실적으로 그다지 많지 않았다.

이런 분석 끝에 나는 상사인 디자인 디렉터와 다시 한 번 상담을 했고 결국 그 디자이너를 팀장으로 전환시키는 결정을 내렸다. 그리고 그는 2년 만에 메타 디자인 시스템에서 아주 탁월한 성과를 낸 팀의 팀장으로 또 한 번 성장했다. 그 팀은 메타 앱의 모든 디자이너들이 사용할 수 있는 새로운 디자인 패턴을 많이 생성하고 그 사용법에 대한 가이드도 만들며 회사 전체의 디자인 시스템에 중요한 공헌을 했다. 앞서 말한 비주얼 디자인의 크래프트 역량이 강했기 때문에 그는 이러한 업무를 성공적으로 수행하며 회사 발전에 기여할 수 있었다.

나는 진정한 강점 기반 문화는 자신의 약점을 잘 가려내고, 그것을 보완하는 데 에너지를 소비할지 말지에 대한 결정을 잘 내리도록 도와주는 문화라는 것을 이때 실감했다. 지금 나의 훌륭한 강점을 제쳐두고 작은 약점에 집착하며 에너지를 소모하고 있는 것은 아닌지 살펴봐야 한다. 그 약점이 다른 동료와 조직에 피해가 될 약점인지, 아니면 과감히 무시하거나 상호보완할 수 있는 약점인지 현명하게 살펴보자.

'나만이 할 수 있는 일'은 무엇인가

5장에서 소개한 '나의 평행 트랙' 이야기를 다시 한 번 꺼내볼까 한다. 그 에피소드는 내가 IC에서 관리자로, 그리고 다시 IC로 가게 된 이야기이기도 하지만 '강점 기반 문화'의 관점에서도 유의미한 포인트가 있기 때문이다. 부디 똑같은 이야기를 반복한다 생각하지 말고 여기에 담긴 또 다른 메시지에 집중해주길 바란다.

나의 상사는 오랫동안 나와 함께 일하면서 내가 AI 윤리 분야에 관심이 많았던 걸 알고 있었다. 그는 완전히 새로운 분야에서 전략을 새로 세우며 팀을 이끄는 나의 기술적인 강점도 목격했기 때문에 내가 IC로 직책 전환을 요청했을 때 허가해줄 충분한 이유가 있었다. 양쪽의 일을 아무리 똑같이 잘하더라도 그 당시 나의 관심사와 열정이 있는 곳은 뚜렷했으므로 그 일을 지지해주는 것이 여러모로 옳은 선택이었다. 임원의 입장에서 봤을 때도 아직 너무 새로운 분야라 전략에 강한 사람 그리고 메타에서 새로운 전략으로 팀을 이끌어본 경험이 있는 리더가 필요했는데, 그 업무에 최적의 역량을 가진 사람이 나타났던 것이다.

한편 내가 관리자로 있던 디자인 조직에 이 소식을 전할 때도 나는 강점 부분에 방점을 두어 설명했다. 잘하는 일일 뿐 아니라 즐기는 일이기에, 그리고 마침 내 강점이 발휘될 수 있는 드물게도 완벽한 기회가 찾아왔기에 옮기는 선택을 해야 했다고 말이다. 물론 처음엔 다들 놀랐지만 결국엔 이해하고 축하해주었다. 서로를 진심으로 생각하는 조직 안에서는 동료(상사와 부하직원을 모두 포함하여)가 자신이 가고자 하는 길을 택할 때 함께 응원하고 기뻐해줄 수 있는 법이다.

마침내 윤리팀에 공식적으로 합류했을 당시, 그 조직 리더들이 많이 고민하는 질문이 '할 일은 너무 많은데 대체 어디서부터 어떻게 시작을 해야 하는 걸까?'였다. 전략이란 이 질문의 답을 구하는 것이다. 즉, 충분한 데이터와 결정 구조를 통해 '윤리팀이 가장 큰 임팩트를 생성하기 위해선 무엇이 가장 중요한 일이고 그것을 어떠한 순서로 해나가야 하는지'에 대한 확신을 찾아가는 과정이다. 나는 이 질문의 답을 소비자 경험human experience의 관점으로 접근하고 디자인 씽킹design thinking을 수단으로 해서 찾아갔다.

조직 전체 임원들의 질문에 답을 찾기 위해 가장 유용한 결정의 구조와 데이터는 무엇일까 고민하고 서비스 디자인 수단Service Design Method을 택했다. 나와 같은 레벨의 시니어 IC에게 요구하는 기대치만큼 프로젝트의 모든 과정을 주도했다. 전체적인 비전과 반기(6개월)의 로드맵을 기획하고, 함께 일할 사람들도 직접 설득해서 팀으로 합류시키고, 나의 책임과 결과물에 대한 기대치부터 정의한 후 프로젝트를 시작했다. 결국 AI 알고리즘 디자인부터 제품 디자인까지 E2Eend-to-end 프로세스를 그린 서비스 디자인 맵service design map을 그렸다. 그리고 임원들을 모아 그 맵을 보며 워크숍을 진행하는 것으로 내가 약속한 임무를 마쳤다.

Author's Note '서비스 디자인'이란?

어떤 사업의 서비스가 제공자로부터 최종 사용자에 이르기까지 전 과정을 맵핑하여 디자인하고 관리하는 것을 말한다. '커스터머 저니Customer Journey'와 다른 점은, 기업의 직원들도 '유저user'로 간주하여 사내 모든 프로세스를 360도 비주얼화한다는 것이다. 그리고 반드시 실제 '유저 리서치 user research interviews'라는 질적인 데이터에 기반해야 한다. 다시 말해서, 사내 프로세스를 개선하면 결국 서비스와 제품의 퀄리티가 향상되어 소비자들의 만족도도 올라갈 것이라는 개념에 기반한 디자인이다.

결과를 조금 더 자세히 설명하자면 비주얼화된 그 맵을 통해 윤리적인 결정이 시급하게 필요한 구간들을 알아보도록 하는 것이 목적이었다. 실제 프로젝트를 케이스 스터디로 선정하여 그와 관련된 다섯 개의 팀에 종사하는 20명 정도의 직원들을 인터뷰한 내용이 담긴 데이터 기반의 맵이었다. 각자 다른 배경과 분야를 이끄는 AI 조직의 임원들이 한자리에 모여 같은 그림과 데이터를 기반으로 새로운 전략에 대한 기회를 배우도록 하는 것이 서비스 디자인 수단인데, 메타에선 아직 생소한 디자인 수단이었다. 하지만 나는 메타에 오기 전 북유럽에서 컨설턴트로 생활했을 때 이를 배웠고, 이 조직의 상황에 가장 필요한 수단이라고 판단했다.

이 프로젝트야말로 나의 강점(기술적 역량, 독특한 관점, 관심사와 업무 스타일의 일치)이 AI 조직의 니즈와 정확히 맞아떨어졌던 좋은 사례다. 그리고 그 과정 내내 나는 '나만이 할 수 있는 일'을 한다는 높은 사명감과 보람을 느꼈고 동시에 AI 조직은 이 프로젝트로 필요한 답을 찾을 수 있는 좋은 기회를 얻었다. 이러한 강점 기반의 조직문화 덕분에 나는 새로운 분야에서, 새로운 도전을 하며 독특하고도 뜻깊은 메타에서의 마지막 챕터를 성공적으로 마무리할 수 있었다.

7

IMPACT DRIVEN
CULTURE

마지막 열쇠, 결과에 대한 책임

WHAT

　지금까지 설명한 메타의 조직문화들을 이야기하다 보면 어떤 사람들은 이런 반응을 보이곤 한다. "보텀업, 동등한 기회, 권한 위임, 다 말은 좋다. 하지만 실리콘밸리는 이미 탁월한 실력자들이 모여 있는 곳이기 때문에 가능한 것 아닌가?", 혹은 "너무 이상적인 얘기일 뿐이다. 현실적으로 경력이 부족한 사람들에게 자율과 권한을 주는 것은 쉽지 않다."라는 반응들이다.

　메타의 조직문화를 완성하는 마지막 열쇠인 '책임 제도'를 제대로 알지 못한다면 이러한 의문을 품을 수 있다. 이런 질문들에 대한 답은 사실 간단하다. 실력자를 찾아 고용하거나 아니면 경력이 없더라도 자율적인 조직문화를 잘 활용할 능력이 있는 사람들을 발굴하여 성장시키고 유지하면 된다. 그리고 그걸 가능케 하는 것이 바로 '결과물에 대한 책임 제도'다.

　책임 제도란 기대치를 초기에 잡고 반드시 그 기대치만큼 성과를 내야 하는 것을 말한다. 메타에선 모두에게 성장할 기회와 환경을 충분히 마련해주었다. 그런 후에 결과의 임팩트를 평가해서 성장을 촉진시키든지, 그게 불가능하다면 회사 밖에서 다른 길을 찾도록 도와주었다. 그렇게 했기 때문에 지금까지 능력 있는 직원들과 함께 일할 수 있었고, 그들에게 충분히 자율적인 조직문화를 믿고 조성해줄 수 있었던 것이다. 이렇게 이야기하면 또 혹자는 "그런 책임 제도

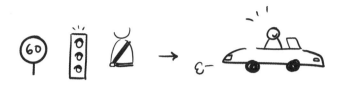

는 너무 엄격하지 않느냐."며 의문을 표하기도 한다. 그러나 그렇지 않다. 사례를 통해 한 번 살펴보자.

조직의 비전이 '사람들이 더 안전하고 개방적으로 소통하는 것'이라고 해보자. 그리고 그 달성 지표metric를 '앱의 새 게시물 업로드 횟수 1퍼센트 증가'로 정했다고 하자. 결국 그 1퍼센트의 목적만 달성된다면 어떤 제품을 디자인하든, 어떤 과정을 거치든, 누가 어떤 역할을 하든, 조직 입장에선 중요하지 않다(물론 윤리적인 원칙을 지키는 선 안에서!). 기대치의 결과만 낼 수 있다면 이런 중간의 모든 형태는 직원들에게 맡기는 것이 바로 자율적이고 주도적인 문화empowering culture의 핵심이다.

이렇게 하나의 목적지를 향해 자율적인 조직문화를 도구 삼아 일을 주도적으로 잘 이끌어 나가는 직원이 있는가 하면, 반대로 아무리 노력해도 더 명확한 지시와 규칙 없이는 성과를 잘 내지 못하는 사람들도 있다. 또는 앞서 6장에서 이야기했듯이 단순히 업무 스타일이 안 맞는 사람들도 있다. 그러므로 자율적이고 책임이 강한 독특한 조직문화를 즐기고 잘 활용하며 개인의 성장과 조직의 성과를 잘 연결시킬 수 있는 직원들로 조직을 구성해야 한다. 그리고 이러한 직원들을 가려내고 유지하기 위해 제도를 신중히 설계해야 한다. 결국 결과에 대한 책임 제도와 그 제도를 통해 유지되는 실력 있고 주도적인 직원들이 바로 자율적인 조직문화가 성과로 이어지는 마지막 열쇠인 셈이다.

이러한 결과를 중심으로 하는 문화Impact-driven culture의 핵심 요소는 다음 네 가지로 정리해볼 수 있다.

- **기대치 합의** 우리가 목표로 하는 곳은 어디인가?
- **임팩트 정의** 어떤 영향력을 끼쳤는가?
- **평가 시스템** 약속된 기대치에 따른 결과를 보여줬는가?
- **직원 고용과 유지** 자율적인 조직문화를 즐기고 활용할 줄 아는 직원들

이 핵심 요소들을 지금부터 하나씩 구체적으로 살펴보자.

기대치 합의

기대치란 한 조직이 함께 만들어갈 임팩트에 대한 약속을 뜻한다. 그 임팩트를 만들기 위해 거쳐야 할 과정을 분기별 목표로 나누어서 진전 상황을 측정한 것이 바로 '분기별 기대치'다. 기대치는 조직의 모든 사람들이 같은 그림을 머릿속에서 떠올릴 수 있도록 명확하게 정의되어야 한다. 또한 조직원들의 이해와 합의가 생긴 후에만

일을 시작하도록 한다. 기대치에 대한 정의, 합의, 문서화와 공유가 모든 업무의 첫 번째 단계라 할 수 있다.

좀 더 구체적으로 기대치는 다음과 같은 요소들로 나눌 수 있다.

- **비전과 미션** 조직이 나아갈 목적지와 그곳으로 가야 하는 이유
- **팀의 분기별 목표** 목적 달성의 수단이 될 수 있는 제품이나 프로젝트들
- **팀의 분기별 프로젝트 목표** 프로젝트의 진전을 측정할 수 있는 지표들
- **팀원의 분기별 목표** 그 프로젝트에 팀원이 직접 기여할 부분

임팩트 정의

조직의 모든 사람들은 약속한 기대치만큼의 임팩트를 생성할 책임이 있다. 임팩트는 결과물이 실제로 세상에 끼치는 영향을 뜻하는데, 단순한 수치 변화가 아니라 그로 인해 생긴 새로운 가치 혹은 해결된 문제가 끼치는 영향력까지도 모두 포함한다. 메타에는 각 조직원이 생성할 수 있는 임팩트의 종류가 다양하게 정해져 있다. 가장 기본적으로는 업무 결과물에 대한 측정 가능한 임팩트가 있고 그 외에도 측정 가능하지 않은 전략이나 퀄리티에 대한 기여도, 혹은 회사 내 각종 커뮤니티를 위한 노력이나 헌신도 임팩트로 취급한다.

- **론칭된 제품이 세상에 끼치는 질적인**qualitative **영향**
- **론칭된 제품이 세상에 끼치는 정량적인**quantitative **영향**

- 론칭은 되지 않았지만 학습 목표growth goal를 달성하여 미래 전략에 기여한 행위와 그것이 끼친 영향

- 론칭은 되지 않았지만 기존 제품의 질적 향상에 기여한 행위와 그것이 끼친 영향

- 론칭은 되지 않았지만 새로운 전략의 방향성에 기여한 행위와 그것이 끼친 영향

- 동료들을 위한 프로그램 개설, 멘토링 등 회사 내 커뮤니티를 위한 행위들이 끼친 영향

- 대학 무료 강의나 콘퍼런스 등 회사 외부의 다양한 커뮤니티에서 직책과 관련된 행위들이 끼친 영향

Author's Note 행위와 임팩트를 어떻게 구분할 수 있을까?

마르코라는 팀원의 분기별 임팩트를 설명하고 싶다고 가정하자. '그가 이번 분기에 세 개의 제품을 론칭했다' 같은 행위 자체는 임팩트라고 정의할 수 없다. 그 대신 그 행위로 인해 형성된 '사람들의 새로운 관계'는 임팩트로 볼 수 있다. 그리고 그 임팩트를 증명하고 측정하는 것이 바로 '지표'다.

· 임팩트가 아닌 예: 마르코가 이번 분기에 세 개의 제품을 론칭했다.
· 임팩트의 예: 마르코가 이번 분기에 세 개의 제품을 론칭했는데(행위), 그것이 '사람들 간의 새로운 관계 형성'(임팩트)에 공헌했다. 그것을 증명하기 위한 지표는 다음과 같다.

  · 게시물 숫자의 ○○퍼센트 증가
  · 게시물 밑의 답글이나 DM의 소통 ○○퍼센트 증가
  · 친구 추가 ○○퍼센트 증가

> 단순히 수치화된 데이터가 모두 임팩트는 아니다. 임팩트를 증명하려면 정량적인 데이터들이 존재해야 하기 때문에 이 둘을 헷갈리는 사람이 많다. 행위와 숫자는 임팩트를 정의하고 증명하는 데 필요한 중요한 요소들이지만 그것들만으로는 임팩트라고 할 수 없다는 점을 기억하면 된다.

평가 시스템

기대치와 비교했을 때의 임팩트에 대한 평가를 뜻한다. 단순화하여 '임팩트 > 기대치'(임팩트가 기대치를 초과) 또는 '임팩트 = 기대치'(임팩트가 기대치만큼 달성) 또는 '임팩트 < 기대치'(임팩트가 기대치만큼 달성되지 못함)처럼 표현할 수 있다. 평가 결과의 예로는 다음과 같은 것들을 들 수 있다.

평가 점수 '기대치에 대한 결과를 가져왔는가?'

분기별 결과물에 대한 임팩트를 측정하는 평가 시스템의 점수는 보통 '초과', '달성', '미달성'으로 구분하고, 그 외에 초과나 미달성의 정도에 따라 점수가 더 나눠지기도 한다. 메타에서는 '달성' 자체로도 최고 점수를 받는다고 할 정도로 각 레벨에 요구하는 기대치가 높은 편이다.

각 레벨마다 프로젝트 규모와 리더십에 대한(일을 더 주도적으로 혼

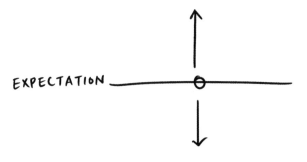

자 해내는 능력) 기대치가 높아지기 때문에 시니어 레벨 IC5로 승진한 다음에는 더 이상의 승진을 원치 않는 사람들도 있다. IC5에 대한 기대치가 워낙 높기 때문에 이 레벨에서 그 기대치만큼의 프로젝트를 지속적으로 해내고 기술적인 면만 계속 발전을 해도 충분히 큰 임팩트를 생성할 수 있다.

승진 '다음 레벨의 기대치 역량을 이미 지속적으로 보여주고 있는가?'

평가 점수가 각 분기별 성과 자체what에 대한 평가라면 승진은 그 성과를 어떻게how 달성했는지에 대한 능력과 행위를 기반으로 결정한다. 앞서 설명했듯 메타는 레벨이 높을수록 그 사람에게 전적으로 맡기는 체계이기 때문에 얼마만큼 능동적으로 팀을 이끌었으며 그 과정에서 어떤 성과를 냈는지를 보여주는 리더십의 역량에 따라 승진이 결정된다. 예를 들어 같은 프로젝트를 했더라도 이 사람이 단

실리콘밸리에선 어떻게 일하나요

순히 '다른 사람의 아이디어를 실행했는지'와 '자신이 스스로 기회를 찾고 주도하여 실행했는지'에 차이를 두어 평가한다.

경고 '미달성 1회 이상'

여러 번 성장 기회가 주어졌음에도 기대치에 따른 성과를 내지 못하는 사람들이 분명 있다. 피드백을 통해 개선할 기회가 수어지는 데도 기대치에 미치지 못하는 점수를 두 번 이상 받으면 그 직원은 경고를 받게 된다. 경고를 받은 직원은 주어진 기간 안에 눈에 띄는 변화를 보여야만 한다. 이때 성장과 변화의 책임은 그 직원뿐 아니라 적절한 도움을 제공해야 하는 상사에게도 있다. 상사에게는 해당 직원이 개선해야 할 점이 정확히 무엇이고 어떤 결과를 내야 하는지 분명히 설명해야 할 책임이 있기 때문이다. 더불어 경고 기간 내내 구체적이고 친절한 피드백을 통해 직원이 성장하도록 코칭을 해줄 수 있어야 한다.

해고 '미달성 2회 이상'

앞의 모든 과정을 제대로 이행했다면 성장 기회는 충분히 주어진 상태라고 봐야 한다. 그런데도 경고가 지속적으로 반복된다면 그때는 '메타의 기대치에 도달하지 못한다'는 결정을 내린다. 이러한 해고 결정은 듣는 사람에게 절대로 갑작스러운 소식이 되지 않도록 그 전부터 지속적인 피드백을 통해 주지시킬 필요가 있다.

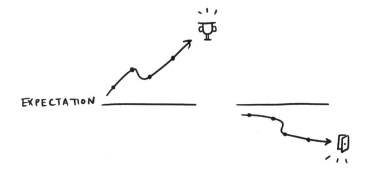

이러한 평가 제도 아래에서 직원은 간혹 '내가 평가받는다'라는 생각이 들어 불편함을 느낄 수도 있다. 하지만 사실 이 시스템이 공정하고 투명하게 잘 작동된다면 이러한 관점은 쉽게 뒤바뀔 수 있다. 이를테면 '내가 한 만큼 공정한 보상을 받을 수 있다'거나 '내가 실력자로 성장할 수 있다', '이 평가 제도 덕분에 자율적이고 주도적인 문화를 즐길 수 있다' 등 긍정적인 관점으로 바꿀 수 있는 것이다.

한편 평가의 목적에는 직원 성장, 승진, 해고 같은 일반적인 것 외에도 다른 중요한 목적이 있는데, 바로 '공정성'이다. 공정성은 조직 내 고성과자를 유지할 수 있는 아주 중요한 요소다. 높은 성과를 낸 사람과 그렇지 못한 사람들을 정확히 평가해 공로를 인정하고 보상을 해줘야 고성과자들의 노력과 의욕이 계속 지속되는 법이다. 반대로 공정성이 부족하여 성과가 높은 직원과 낮은 직원이 같은 평가를 받았다면 어떨까? 고성과자들은 보람을 느끼지 못하고 실망하면서 다른 조직으로 떠날 가능성이 크다.

모든 제품과 직원의 퍼포먼스 평가는 엄격하게 결과로만 평가해야 한다는 원칙을 반드시 지켜야 한다. 이때 '결과'를 단지 매출 등의 숫자로 오해하면 곤란하다. 일을 시작하기 전에 서로 합의한 기대치의 결과를 의미한다. 아무리 과정이 좋았어도 기대치에 맞는 결과를 내지 못했다면 그에 맞는 평가를 내려야 한다. 그것이 바로 공정성을 지키는 일이다. 만약 직원이 반복해서 약속된 기대치에 미치지 못하는 성과를 냈다면 경고나 해고 등을 통해 뚜렷한 결과가 뒤따른다는 점을 보여줘야 한다. 그래야 책임 제도가 제대로 확립되고 준수될 수 있다. 직원이 아니라 제품을 평가할 때도 마찬가지로 임팩트가 기대치 이하라면 가지치기를 통해 언제든지 중단될 수 있도록 해야 한다.

한마디로 좋은 평가 시스템은 모두가 이해하고 쉽게 따를 수 있도록 단순해야 하고, 모두에게 똑같이 적용되는 공정성이 있어야 하며, 마지막으로 결과에 포커스를 맞춰 이뤄져야 한다.

직원 고용과 유지

지금까지 여러 팀을 설립하고 운영하며 팀원들의 성과를 지켜본 결과, 이러한 자율적이고 책임감이 강한 조직문화에서 성공하는 사람들에게는 다음의 세 가지 공통점이 있었다.

- 의욕

- 주도성

- 객관적 자기인식

    스스로 동기부여를 할 줄 아는 의욕적인 사람만이 비전과 목표를 세우고 자기인식을 통해 성장 방향과 기회를 정확히 알아차릴 수 있다. 또 그런 사람만이 적극적으로 문제 해결 방법과 전략을 설계하여 주도적으로 일할 수 있다. 이 세 가지가 톱니바퀴처럼 맞물리게 되면 자율적인 조직문화를 발판 삼아 뛰어난 성과도 이루어내고 그 과정에서 개인의 성장도 만끽할 수 있다.

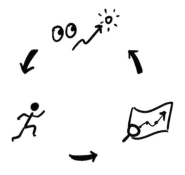

    이 세 가지 요소는 반드시 함께 움직여야 한다. '의욕'과 '주도성'을 갖고 있어도 '자기인식'이 부족하면 성장의 방향을 잡지 못하고 그

반대라면 성장의 방향은 인식해도 남의 도움 없이 성장하려고 하지 않기 때문이다. 그래서 직원을 고용할 때는 하드 스킬(기술적인 역량)도 중요하지만 장기적으로 성장의 잠재력을 보려면 소프트 스킬(소통, 팀워크, 문제 해결 역량) 측면에서 균형을 이루고 있는 사람을 찾아야 한다.

Author's Note **디자이너의 하드 스킬과 소프트 스킬**

이름에서부터 알 수 있듯이 예부터 소프트 스킬은 '있으면 좋지만 필수는 아닌 것good to have'처럼 여겨져왔다. 그러나 최근의 연구 결과들에 따르면 소프트 스킬이야말로 리더들에게 가장 필요하고 중요한 기술이다. 나는 팀원을 고용해야 할 때 다음과 같은 '디자이너 필수 스킬' 체크리스트를 활용하곤 했는데, 이 표를 보면 하드 스킬과 소프트 스킬의 차이점을 한눈에 파악할 수 있을 것이다.

하드 스킬의 예	소프트 스킬의 예
프로덕트 씽킹	주도성
체계적 사고	의욕 및 추진력
인터랙션 디자인	객관적 자기인식
비주얼 스토리텔링	의사소통 능력
프로토타이핑	협업 능력
크래프트 역량	정서 지능

POTENTIAL PROBLEMS

기대치 조절에 실패하면 번아웃이 오기 쉽다

기대치에 대한 코칭이 없으면 자칫 이룰 수 없는 기대치를 약속
하고는 쉽게 번아웃을 경험하게 된다. 조직 내 고성과자들 중에는
유독 'Type A(학창 시절 전 과목 A를 받으려고 노력했던 사람들을 일컫는 말)'
타입의 사람들이 많은데 그들의 공통점은 야심이 넘치고 목표를 향
해 달리는 스타일이라 번아웃도 쉽게 온다는 것이다. 단기간은 가능
할지 몰라도 이러한 밀어붙이기 식의 업무 스타일은 오래 지속할 수

실리콘밸리에선 어떻게 일하나요

없을 뿐 아니라 개인의 건강과 회사의 성과에도 역효과를 불러올 수 있다. 번아웃을 막기 위해서는 코칭을 통해 현실적인 기대치를 세우는 습관을 길러주도록 한다. 일을 진행하는 중간에도 번아웃의 기미가 보이는 직원들이 있는지 미리 파악해 조언을 주고 기대치를 조율하도록 도와준다.

쉽게 측정할 수 있는 프로젝트만 우선시할 수 있다

책임 제도가 너무 엄격하면 직원들이 달성하기 쉬운 프로젝트, 수치상 변화가 눈에 드러나는 프로젝트에만 몰두하는 문화가 자리 잡을 우려가 있다. 예를 들어 빨리 성과가 나오는 단기 프로젝트, 목표 수치가 쉽게 증명되거나 이미 다른 사례들로 인해 성공 가능성이 큰 프로젝트 등이 그것이다. 이러한 패턴을 초기에 바로잡지 않으면 도전적이고 혁신적인 시도를 점점 꺼리게 되는 문화가 정착되어 조직 전체의 경쟁력에 악영향을 미칠 수도 있다. 이러한 문제를 방지하기 위해서는 조직 차원에서 먼저 전략적인 프로젝트의 학습 목표 달성, 장기 프로젝트 진행 시 중간 과정의 이정표milestone 달성의 가치를 높게 평가하는 등의 시범을 보여야 한다.

TIPS

서로 같은 의미의 기대치를 정하는 법

- **조직의 가치관에 맞는 기대치 정의** 이상적인 조직을 만들기 위해서
  는 그에 필요한 가치관들을 기대치에 포함시켜야 한다. 메타
  에는 모든 식책에 네 가지 기대치 기준이 있다. 각 직책별로의
  기술적인 평가와 업무에 대한 것 외에도 커뮤니티와 대인관계
  등 메타에서 중요하게 생각하는 가치관이 들어가 있다. 회사
  는 이 기대치에 따라 직원이 여러 분야에서 공헌하길 요구한
  다. 예를 들어 팀의 효율성을 높이기 위해 필요한 업무 매뉴얼
  how-to guide을 생성하거나, 새로운 툴을 팀원에게 가르쳐주는 세
  션을 조성하거나, 팀의 채용을 돕거나, 주변 동료들과 주기적
  으로 멘토링을 하는지 등이 있다.

- **문서화와 공개** 모든 레벨의 기대치를 정확히 기재하고 회사 전
  체에 투명하게 공개해(사내 게시판 등을 활용) 언제든지 참고할
  수 있도록 한다(예: 개발자 레벨 3과 디자인 팀장 M2의 역할 및 기대치,
  각각의 정의와 설명, 행동의 사례 등)

- **상사와 합의** 분기별로 개인의 목표를 세울 때는 반드시 자신의 직책과 레벨의 기대치에 맞춰 세우고 이를 상사와 의논해야 한다. 어떤 임팩트가 기대치의 달성, 초과, 미달인지에 대한 합의를 이루는 등 기대치를 정확하게 정의하고 난 뒤 업무를 시작한다.

- **기대치 조율과 보고** 업무를 하다 보면 기대치와 목표가 잘못됐음을 발견하는 경우도 종종 발생한다. 목표는 주로 일을 시작하기 전에 세우는데 일을 하다 보면 끊임없이 새로운 정보들이 업데이트되고 그에 따라 과거엔 떠올리지 못했던 아이디어들이 생겨나기 때문이다. 목표는 불변하는 게 아니다. 얼마든지 수정해도 된다. 다만 그걸 뒷받침할 충분한 데이터 자료를 가지고 있어야 하며 빠른 보고를 통해 상사와 수정된 목표에 서로 합의할 수 있어야 한다.

- **높은 비전과 현실적인 기대치** 장기적인 성과를 내는 건강한 조직을 만들기 위해서는 비전은 최대한 높게 잡고 분기별 목표는 최대한 현실적으로 잡는 것이 좋다. 뒤에 나오는 '현실적이지만 혁신적인 기대치의 밸런스 조율하기'에서 이에 대해 더 구체적으로 설명하겠다.

- **세분화한 이정표** 프로젝트가 론칭되지 않는 이상 그 프로젝트의 영향과 임팩트를 측정하기란 무척 어렵다. 주로 규모가 큰 장기 프로젝트나 론칭이 목표가 아닌 미래 콘셉트 디자인 프로젝트에서 이런 문제가 많이 생긴다. 그럴 땐 목표를 최대한 세

분화해서 완성하기까지의 진척 사항을 이정표로 정리하여 기대치로 삼을 필요가 있다. 평가 또한 그 이정표에 대한 기대치를 기준으로 한다. 이 부분 역시 뒤에 나오는 '학습 목표를 임팩트로 정의해야 할 때'에서 더 설명할 것이다.

- **주기적인 피드백** 상사는 분기가 다 지나가도록 혹은 평가 시기가 될 때까지 기다리지 말고 평소에 팀이나 팀원 개개인에게 다양한 채널을 통해 자주 피드백을 줘야 한다. 기대치 대비 현재 업무 수행이 어떠한지 구체적으로 소통한다. 물론 피드백을 줄 때는 반드시 기대치를 기준으로 실행 가능한 지침을 들어 조언해야 한다. '기대치에 비해 ○○ 부분이 부족하다. △△의 방법으로 보완할 것을 추천한다'라는 식으로 말이다.

- **신입사원의 기대치** 신입사원은 입사 후 새로운 조직의 문화와 업무에 얼마나 빨리 적응하는지, 그리고 첫 6개월 동안 각 레벨에 따른 기대치대로 업무를 잘 수행하느냐가 가장 중요한 평가 기준이다. 보통 의욕이 넘치기 마련인 신입사원들은 팀장에게 자신의 모든 능력을 다 보여주고 싶어하는 경향이 강하다. 그럴수록 상사가 명확하게 기대치의 기준을 잡아주는 것이 중요하다. 기본적인 업무 수행과 적응을 넘어 과한 욕심을 부리면 오히려 역효과가 날 수 있으니 말이다. 처음부터 기대치와 임팩트 달성에 대한 중요성을 잘 훈련시키는 것이 중요하다.

- **승진의 규칙과 기대치** 앞서 말했지만 승진은 잠재력으로 판단하

는 것이 아니라 지속적으로 다음 레벨의 역량을 얼마나 보여 주었는지 실제 성과와 데이터를 가지고 판단하는 것이다. 메 타에서는 최소 6개월에서 1년 정도의 테스트를 거쳐 승진을 결정한다. 이는 섣불리 승진시켰다가 기대치만큼의 성과를 내 지 못하면 경고나 해고까지로 이어질 수 있는 엄격한 책임 제 도로부터 직원을 보호하기 위한 것이기도 하다. 승진한 직원 이 첫 분기에 '기대치 달성'이라는 평가를 받지 못하면 어떤 경 우엔 그 승진을 결정한 상사의 판단력에 문제가 있다고 해석 하기도 한다. 그만큼 승진을 결정하려면 그 근거가 뚜렷해야 한다는 얘기다.

올바른 임팩트의 기준을 정하는 법

- **질과 양의 균형 맞추기** 질적인 임팩트와 양적인 임팩트의 균형을 맞춘다. 양적 임팩트만 추구하면서 겉으로는 높은 성과를 낸 듯 보였지만 결국 질적인 면에서 문제가 발생해 어려움을 겪 은 조직과 제품들을 나는 많이 목격했다. 이러한 일이 일어나 지 않도록 처음부터 양쪽의 균형을 맞춰 기대치와 목표를 세 울 필요가 있다.
- **객관성 확보하기** 임팩트를 증명할 수 있는 데이터의 양을 최대한 늘려 객관성을 유지한다. 이때 가령 '사용자들의 감정은 어떠 한가?' 같은 질적인 임팩트도 충분히 수치화시킬 수 있고 객관

적인 논의에 쓰일 수 있다.

- **정당성 입증하기** 올바른 결과에 집중한다. 프로젝트를 진행하다 보면 초기 목표가 잘못됐음을 깨닫는 경우가 생기는데 이럴 땐 계속해서 일을 진행시키기보다 제품 론칭을 취소하는 결정을 내리는 것이 옳다. 모든 노력이 물거품이 되고 증명할 임팩트가 없어지기에 이 같은 결정을 내리지 못하는 팀이 많다. 그러나 옳지 않은 제품을 론칭하는 것보다 명백히 나은 결정이라는 것을 칭찬하고 본보기로 삼도록 한다.

- **도전에 보상하기** 현실적인 기대치도 중요하지만 불가능해 보이는 일에 도전할 수 있는 환경을 지속적으로 만들어주려면 도전에 실패했더라도 그 자체로 보상을 해주는 제도가 필요하다. 앞서 언급했던 '학습 목표Learning goal'가 바로 배움이 있다면 실패도 성공으로 전환시킬 수 있는 유용한 수단이다. 남들이 해본 적 없는 프로젝트도 도전을 통해 최대한 배워보겠다는 자세를 갖도록 장려하고 이를 위해 학습 목표를 잘 세우는 법을 교육하고 훈련한다.

공정한 평가 시스템을 만드는 법

- **공정성을 위한 시간 투자** 똑같은 기준의 기대치를 모두에게 적용하는 것이 공정함의 첫 번째 조건이다. 아무리 직책별 기대치가 공식적으로 문서화되어 있어도 결과를 가지고 어떻게 판단

하는가는 개인의 주관적인 해석이 조금이라도 담기게 마련이다. 그러므로 이러한 기준도 관리자들끼리 함께 검토하면서 늘 공정함을 점검하도록 한다. 메타는 평균 한 달 정도 평가기간을 갖는데, 각 사업부의 모든 관리자들이 모여 서로 같은 기준으로 평가하는지 비교·점검하면서 공정함에 대한 부분을 확인한다. 이 과정에 반드시 HR팀이 참여하여 다른 직책과 조직들도 비슷한 기준을 갖고 평가하는지 검토한다.

- **기준과 원칙의 문서화** 조직의 많은 직원들을 일일이 비교하고 평가하려면 정말 많은 시간이 걸린다. 그러므로 수많은 업무 내용과 임팩트를 간단히 요약해서 서로 검토하고 평가하는 것이 효율적이다. 이때 이 요약의 '기준'을 일치시켜야 공정성을 유지할 수 있다. 요약 과정에서, 즉 어떤 결과물의 임팩트가 큰지를 설명하는 과정에서 주관적인 관점이 개입되지 않도록 해야 한다는 얘기다. 임팩트 요약의 원칙과 구체적인 사례를 문서화하고 일관성을 높이도록 노력한다.

- **비공정성에 대해서는 반드시 지적하기** 아무리 노력해도 인간이 하는 일이기에 평가 과정에는 어쩔 수 없이 주관적인 요소가 들어가게 된다. 목소리 큰 사람이 이기거나 편견이 담긴 평가 결과가 생길 수 있는데, 이때 참석한 모든 관리자에게는 문제점을 지적하고 공정함을 요구할 책임이 있다.

- **평가 결과에 대한 충분한 설명** 평가의 결과를 팀원에게 알려주는 시기에는 반드시 평가에 대한 이유를 충분히 설명하고 이해를

돕도록 한다. 이렇게 자세히 설명을 해야 서로에 대한 신뢰를 높일 수 있을 뿐 아니라 팀원의 성장에도 큰 도움을 줄 수 있다. '아 임팩트란 이런 것이고, 이러한 예가 있구나. 그리고 앞으로 이렇게 하면 되겠구나' 하면서 지난 경험을 토대로 임팩트를 이해하면 더 빨리 성장할 수 있다.

- **'노 서프라이즈 룰** No Surprise Rule' 관리자의 가장 막중한 책임 중 하나는 절대 부하직원이 갑작스럽다고 느낄 만한 평가 결과를 쥐서는 안 된다는 것이다. 결과에 놀라거나 당황한다는 얘기는 평가가 이뤄지기 전 그 많은 업무 시간 동안 상사가 제대로 피드백을 주지 않았거나 개선할 기회를 전혀 주지 않았다는 의미다. 이는 상사의 무책임과 무능력으로 간주될 수 있다. 이 정도로 상사에겐 늘 부하직원의 기대치와 임팩트를 이해하고 제때 양질의 피드백을 줘야 할 책임이 있다.

- **신규 관리자 훈련** 아무리 경력이 많은 관리자라 해도 공정한 평가를 보장하기 위해서는 충분한 교육과 적응 시간이 필요하다. 이 기간의 효율성을 높이도록 신규 관리자의 평가 시스템 교육을 프로그램화할 필요가 있다.

함께 성장하는 직원을 채용하는 법

누구나 처음부터 '실력자'일 수는 없는 법이다. 메타만 해도 5만 명이 넘는 직원이 있고 개중에는 다른 실리콘밸리 기업을 다녔던 사람도 있고, 경력이 전무한 사람들도 있다. 경력이 있든 없든 메타와 같은 업무 문화에서 잘 성장하며 실력을 발휘할 수 있는 사람을 알아보기 위해선 의욕, 주도성, 자기인식의 조합을 알아볼 수 있는 질문들을 인터뷰에 반드시 포함하도록 한다.

일반적인 질문

- 입사 첫날부터 우리 팀에 공헌할 수 있는 부분은 무엇인가?
- 자신의 약점은 무엇이고 그 약점을 보완하기 위해 어떤 노력들을 했는가?
- 자신의 가장 큰 강점은 무엇이고 그것을 어떻게 알게 되었는가? 앞으로 그 강점을 어떻게 발전시키고 싶은가?
- 공부하고 싶은 새로운 분야나 기술이 있는가? 어떤 방식으로 배워볼 생각인가?
- (채용 대상자가 경력으로 언급한) 프로젝트 선정 과정에 대해 구체적으로 알려달라. 당신이 진행한 프로젝트 가운데 가장 자랑스럽게 생각하는 것은 무엇인가? 자신이 주도적으로 리드한 프로젝트 사례가 있는가?
- 왜 이 회사에 지원했는가? 지원 동기가 자신의 장기적인 커리어 목표와 어떻게 연관이 되는가?

경력이나 경험에 기반한 질문

- 다시 기회가 주어진다면 다르게 해보고 싶은 어떤 경험이 있는가?
- 가장 힘들었던 결정은 무엇이었는가? 그걸 통해 무얼 배웠는가?
- 당신의 프로젝트가 반대나 중단 요청에 부딪친 적이 있는가? 어떻게 해결

방안을 찾았는가?

- 가장 어려운 피드백은 무엇이었고 그것에 어떻게 대응했는가?
- 가장 어려운 프로젝트는 무엇이었고 그것을 통해 무엇을 배웠는가?

이런 질문들을 던져보면 평소 이와 관련된 고민을 많이 해본 사람과 아예 생각해보지 않은 사람이 확연히 드러난다. 또 '경력이나 경험에 기반한 질문'에서 자신의 성장 기회의 관점으로 말하기보다 외부의 탓을 하는 사람이 있다면 유심히 살펴볼 필요가 있다.

현실적이지만 혁신적인 기대치의 밸런스 조율하기

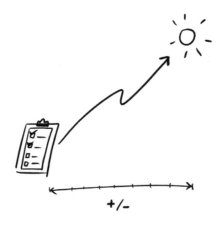

기대치를 제대로 잡는 것이야말로 프로젝트의 성과를 좌우하는

가장 중요한 요소라 할 수 있다. 그러나 현실적이면서도 혁신적인 기대치를 잡는 과정이 쉽지만은 않다. 적절하게 균형을 이룬 기대치를 설정하려면 다음과 같은 점에 유의해야 한다.

- **비전 기대치와 분기별 기대치 정의하기** '비전'과 '분기별 목표'에 대한 기대치를 정확히 구분해 정해야 한다. 비전이란 아무런 제한을 두지 않고 그린 가장 이상적인 미래의 그림이고, 주로 숏텀과 롱텀(평균 18개월~5년 사이) 비전으로 나눠서 생각하기도 한다. 분기별 기대치는 비전을 그린 후, 그것을 예상한 시간에 달성하기 위해 이번 분기(평균 6개월~1년)에 해야 하는 일이 무엇인지를 산출한 것이다. 이 둘을 구분해서 비전은 최대한 높게 세우고 분기별 기대치는 최대한 현실적으로 세우는 것이 중요하다. 기대치를 이렇게 나누고 이름을 붙여 모두가 같은 그림을 보면서 협업할 수 있도록 해야 한다.
- **비전 기대치는 최대한 높게 잡기** 영어의 'Sky is the limit(무엇이든 할 수 있다)'라는 관용구처럼 비전은 최대한 높고 이상적으로 잡는다. 비전이 이상적이고 의미가 클수록 조직과 팀들의 동기부여와 오너십이 강해지기 때문이다. 또한 비전이야말로 그 조직의 잠재력과 경쟁력을 평가하는 기준이므로 더욱 차별화되고 혁신적이어야 한다.
- **분기별 기대치는 현실적으로 잡기** 분기별 기대치는 한번 세우고 나면 정당한 이유가 없는 한 꼭 지켜야 한다. 그러나 일을 하다

보면 예측할 수 없는 돌발상황이 발생하기도 한다. 그러므로 분기별 기대치는 최대한 현실적으로 세우는 것이 좋다. 오히려 현실적인 기대치를 잡아 팀의 의욕을 고취시키는 것이 장기적으로는 팀의 효율성과 성과에 더 유리할 수도 있다.

- **비전과 분기별 기대치 차이 계산하기** 팀의 현실적인 역량과 시간을 계산하여 이상적으로 잡은 비전이 얼마나 달성 가능한지 정확히 이해하는 것 또한 중요하다. 예를 들어 2년 후의 비전을 그렸는데 지금 현재 팀의 역량으로(규모와 능력) 계산하면 2년 후 달성은 불가능하다는 계산이 나왔다고 해보자. 그럴 땐 비전 달성 시기를 뒤로 늦추거나(A), 팀의 규모나 역량을 높이거나 (B), 두 가지 모두 불가능하다면 비전의 규모를 줄이는(C) 방식으로 기대치를 조율한다. 이때는 당연히 리더와 함께 여러 가지 옵션을 고려해 서로 합의에 이르러야 한다.

- **지속적인 보고와 조율** 최대한 높은 비전과 현실적인 팀의 분기별 목표, 그리고 그 갭을 채우기 위해 필요한 부분을 끊임없이 투명하게 공유하고 조율해나가야 비전을 달성할 수 있는 좋은 전략이 세워진다.

관리자의 목표는 팀으로 성과를 내는 것

매니지업을 효율적으로 하면서 이 책임 제도의 주도권을 상사가 아닌 부하직원이 가질 수도 있다. 내가 가고 싶은 곳은 어디이며 하고 싶은 일은 무엇인지, 그 일에 대한 기대치는 무엇이고, 내가 그 기대치에 부합하여 일하고 있는지 등을 부하직원이 콘트롤하면 오히려 모두에게 이득이 될 수도 있다. 관리자의 목표는 팀을 통해 성과를 내는 것이므로 이는 서로에게 도움이 되는 공동의 목표이기도 하다.

엄격한 결정이더라도 인간적인 태도를 유지한다

기대치의 성과나 행위를 보여주지 못하는 저성과자를 관리할 때는 상대방의 입장에 서서, 즉 '상대방이 어떻게 해야 더 많은 임팩트를 만들어낼 수 있을까' 하는 인간적인 배려의 관점에서 도움을 줘야 한다. 어려운 피드백일수록 진정성 있는 인간적인 배려가 바탕이 되어야 효과적인 법이다. 책임 제도는 엄격하되 서로 간의 소통에서는 인간적인 태도로 접근하는 것이 매우 중요하다.

STORIES

충분한 기회, 그리고 아웃

IT 회사에서 엔지니어링은 회사 존립의 기본 뼈대 역할을 한다. 물론 디자인, 데이터사이언스, 리서치, HR, 마케팅 및 세일즈 모두가 회사 운영에 중요한 역할을 하지만 아무리 비전의 방향이 좋아도 그것을 현실로 이룰 수 없으면 IT 회사는 경쟁력을 잃는다. 그런 이유로 엔지니어링팀은 탁월함에 대한 매우 높은 기준을 필요로 한다. 메타의 엔지니어링팀에는 이러한 제도가 있었다.

IC3에서 IC4로 승진: 24개월 만에 마치기

IC4에서 IC5로 승진: 33개월 만에 마치기

이는 IC3에서 연속 '기대치 달성'이라는 평가를 받지 못하면 바로 경고로 이어진다는 얘기다. 첫 분기에 기대치 미달성 평가를 받으면 다음 분기에 상사의 피드백을 통해 자신의 진전 상황을 알게 된다. 그 분기에는 직원 스스로가 기대치에 맞게 업무를 수행하고 있는지 아닌지에 대해 분명히 이해하고 있어야 한다. 승진으로 이어지지 못하면 해고가 되기 때문에 피드백에 따라 해고가 예상되면 자진해서 회사를 떠나는 사람들도 상당히 많다.

실리콘밸리에선 어떻게 일하나요

이는 곧 IC5의 엔지니어들의 능력과 성과를 회사에서 요구하는 기본 기준으로 삼을 것이라는 공식적인 발표와도 같다. 이렇게 엄격한 제도로 IC5로 승진이 되면 이후엔 강점 중심 제도로 바뀐다. 앞서 6장에서 이야기했듯이 자신이 하고자 하는 업무 분야에 따라 성장할 기회를 주는 것이다. 메타에서 요구하는 기본적인 스킬이 탄탄한 엔지니어가 되었으니 그 후엔 사신이 잘하고 좋아하는 방향으로 최고가 되도록 독려한다.

심지어 IC5 이상이 되면 평생 승진을 안 해도 된다. 자신이 원하는 범주의 일을 최대로 잘하면서 그 레벨의 기대치로 평생 일하며 조직에 공헌하기만 해도 큰 임팩트를 생성할 수 있기 때문이다. 그래서 메타에서는 자신의 스타일에 따라 원하는 종류의 일을 하는 개발자들을 많이 볼 수 있다. 엄격하지만 기대치의 성과를 낼 능력이 되는 한 자율적인 조직문화를 즐기며 일할 수 있는 것이다.

어렵지만 필수적인 결정

다소 냉정하게 느껴지는 이 제도의 결과적인 장점을 모두의 입장에서 한번 생각해보자. 주변 실리콘밸리 큰 회사에서 온 동료 팀장 중에 기술적인 실력은 탁월했지만 메타가 요구하는 조직문화와 리더십의 요건을 갖추지 못한 사람이 있었다. 그의 이름을 제이콥이라고 하자. 그는 제품에 대한 통찰력, 디테일을 보는 눈 등의 디자이너로서의 능력은 분명히 뛰어났지만 리더로서 주도적으로 기회를 찾고 전략을 짜며 팀을 리드하는 스타일이 아니었다. 한마디로 다른 조직에선 충분히 존경받을 수 있는 디자인 리더의 프로필이었지만 메타에서 요구하는 리더의 프로필과는 맞지 않았다.

당시 그는 주어진 조직의 기대치에 맞는 성과를 보이지 못하고 있었다. 이것이 더욱 문제가 됐던 이유는 리더뿐만이 아니라 직원들의 교육과 성장에도 문제를 일으켰기 때문이다. 메타에서는 리더로 성장할수록 위에서 시키지 않아도 알아서 스스로 문제를 찾고 주도적으로 팀과 함께 해결하기를 요구한다. 이러한 시범을 리더로서 먼저 보여줘야만 했지만 그는 그러지 못했다.

그로 인한 피해가 함께 협업하며 일하는 '자매팀'인 내 팀에게까지 점점 미치기 시작했다. 제이콥 팀이 하지 못하는 일을 내 팀에서 메꾸어야 하니 자꾸 본래 해야 하는 일보다 더 많은 일을 하게 됐고 업무에도 지장이 생겼다. 결국 제이콥은 메타에 온 지 1년이 지날 무렵 상사로부터 강력한 경고를 받게 됐다(절대 공개적이지 않지만 난 제이콥이 직접 이야기해줘 알게 되었다).

앞서도 말했지만 기대치 이상의 성과를 보이지 못해 '기대치 미달성' 평가를 받으면 주어진 기간 동안 '큰 변화와 성장'을 보이든지 그렇지 않으면 회사를 떠나야 한다. '큰 변화와 성장'의 길을 택하면 그 기간 동안 상사와 해야 할 일의 기대치를 구체적으로 정한 다음, 틈틈이 약속한 기대치의 일을 하고 있는지에 대한 보고와 확인의 시간을 갖게 된다. 그 기간만큼은 메타의 자율적인 업무 방식이 적용되지 않는다. 오로지 기대치를 달성할 수 있는지 없는지를 증명하는 기간이다. '이 직원이 우리 조직에서 요구하는 기대치의 성과를 낼 능력이 되는가?'의 답을 찾기 위해 충분히 데이터를 생성하고 평가하는 시간인 것이다.

여기서 중요한 것은 양방향의 노력이 필요하다는 점이다. 상사도 부하직원의 성장을 위해 기간 내내 솔직한 피드백을 주며 적극 노력해야 한다. 끊임없는 기대치의 확인과 피드백을 통해 분기가 끝나기 전에 '아, 이대로 가면 어떤 평가/결과가 있겠구나' 알게 하는 것이 목적이다.

결국 몇 개월 후 제이콥은 다른 회사로의 이직을 결정했다. 이 기회를 통해서 리더로서 자신의 강점, 성장 방향 그리고 그러한 점들이 어떠한 조직문화 속에서 효과적으로 발휘되고 일치되는지 결론 내린 것이다. 나는 비록 좋아하는 동료가 떠나 아쉬웠지만 그 팀은 새로운 팀장이 오면서 좋은 성과를 내는 팀으로 변모했다. 그러한 변화가 자매팀인 내 팀에게도 긍정적인 영향을 끼쳤음은 물론이다. 제이콥은 비슷한 경쟁력을 지닌 다른 실리콘밸리의 대표 기업으로 이직하여 자신에게 더 맞는 길을 가게 됐고, 남겨진 우리는 이 조직문화에 더 맞는 리더와 함께 일하며 결국 모두에게 이득인 결말을 맞게 되었다. 다소 어렵게 느껴졌던 결정이었지만 그 과정은 다행히 큰 문제 없이 지나갔고 결국 우리 모두에겐 이득이었던 결정으로 기억되고 있다.

책임 제도가 존재하더라도 누구를 위해, 어떤 결정을, 언제 내릴지는 관리자 한 명의 판단이 모든 결과를 좌우한다. 결정의 순간은 물론 어렵지만 상사가 그 결정을 내려주어야 모두의 삶이 한층 더 나아질 수 있다는 사실을 기억해야 할 것이다.

학습 목표를 임팩트로 정의해야 할 때

모든 프로젝트가 'X를 달성하기 위해서 Y를 Z 식으로 만들어라'라는 지시를 그냥 따르는 것이라면 참 쉬울 것이다. 그러나 실상은 수많은 프로젝트들이 X, Y, Z 중 한두 개(혹은 전체)는 모르는 상황에서 시작되곤 한다. 무얼 만들어야 하는지 알지 못하는 프로젝트들이 가진 공통점은 어떤 임팩트를 목표로 세우고 시작해야 하는지 역시도 알지 못한다는 것이다. 이러한 임무를 가진 팀들은 어떤 제품을 만들고 론칭하는 것이 아닌 만들어야 할 제품이 무엇인지 실험과 데이터를 통해 '배워나가는 것'을 목표로 세우는 것이 중요하다.

대부분의 조식이 측성할 수 있는 수치상의 임팩트를 목표로 세우려고 하지만 사실 그보다 더 중요한 것은 '학습 목표', 즉 무엇을 배울 것인가에 있다. 일면 추상적으로 들리겠지만 조직의 비전에 맞는 제품을 정의하기 위해 필요한 가설들을 여러 개 세우고, 그 가설 증명에 필요한 실험들을 목표로 정하라는 뜻이다. 가설 증명을 위해 필요한 실험과 프로젝트를 작게 나눠서 하나하나를 이정표로 쓰면 측정 가능한 목표가 완성되는 것이다. 그러면 '목표인 이정표 10가지 중 몇 개를 달성했느냐?'가 기대치로 세워지고 그 팀을 평가할 수 있는 수치화된 기준이 생기게 된다.

IT 회사에서 이러한 '학습 목표'를 세워야 할 팀으로는 성장팀, 신규 프로덕트팀, 장기 프로젝트팀을 꼽을 수 있다. 이들에게 학습 목표는 다음과 같은 식으로 적용된다.

성장팀

IT 회사에서는 무에서 유를 창조하는 것이 목적인 팀을 흔히 '제로 투 원zero to one'이라고 부른다. 그리고 하나의 제품이 만들어진 후 그것을 성장시키기 위한 것이 목적인 팀을 '성장팀Growth Team'이라고 지칭한다. 이 팀들의 궁극적인 임팩트는 당연히 '성장 지표'지만 거기에 도달하기까지 '성장을 촉진하는 요인이 무엇인지'를 찾아내는 것이 사실 더 큰 임무라고 할 수 있다. 그것을 알아내야 지속적으로 성장시키고 만들어야 할 제품들의 로드맵을 세울 수 있기 때문이다. 이에 대한 예는 1장의 '텍스트 필터' 프로젝트 에피소드에서 간단히 소개한 바 있다.

신규 프로덕트팀 New Product Team

신규 프로덕트팀은 위에서 설명한 '제로 투 원'으로, 주로 미래 전망과 관련한 제품을 구상한다. 이러한 팀들은 제품을 론칭할 기술이 아직 발달되지 않은 경우가 많다. 콘셉트의 옵션을 두고 그 잠재력에 따라 투자가 결정되기 때문이다. 신규 프로덕트팀도 마찬가지로 앞으로 만들어야 할 제품이 무엇인지 알기 위해 필요한 가설들을 학습 목표로 세운다.

장기 프로젝트 팀 Long Term Project Team

몇 주 만에 완성되는 프로젝트도 있는가 하면, 몇 년에 걸쳐 완성되는 프로젝트도 있다. 이렇게 목표 달성에 몇 년이 걸리는 프로젝트의 임팩트를 개발 당시에는 알기 힘들다. 그렇다고 아무런 확신도 없이 프로젝트를 진행시킬 수는 없는 노릇이다. 이런 경우에도 '확신이 생기려면 필요한 가설들'을 세우고 그 가설에 필요한 행위들을 세분화된 이정표로 정리하여 분기별 목표를 세우면 된다. 이 기준을 통해 임원들은 '이 팀의 목적지는 정확히 어디이고 그곳에 도달하기 위해 어떤 성과들을 냈는지'의 관점으로 평가할 수 있게 되는 것이다.

Author's Note   아인슈타인도 해결책을 이렇게 찾았다

비단 IT 회사뿐만이 아니라 우리가 하는 창조적인 일들의 대부분은 확정된 어떤 것을 만드는 게 아니라 '무엇을 어떻게 만들어야 하나?'의 답을 찾는 것이다. 이와 관련된 아인슈타인의 유명한 말을 소개하고 싶다. "한 시간 동안 문제를 풀 시간이 주어진다면, 난 55분 동안 문제에 대해 생각하고 5분 동안 해결책에 대해 생각할 것이다."

올바른 해결책을 찾기 위해서는 그전에 질문 자체에 대한 더 정확한 이해와 확신이 필요하다는 의미다. 이렇게 질문에 대해 더 알아가는 과정이 바로 가설 설정과 증명이다. 해결책 자체를 디자인하고 개발하는 것보다 올바른 해결책에 도달하고자 하는 노력 자체가 곧 우리의 업무인 것이다. 다음 창조적인 프로젝트는 이러한 기대치와 목표를 잡고 시작해보기를 적극 권한다.

어려운 피드백일수록 성장의 중요한 밑거름이 된다

그렇다면 이렇게 기대치를 달성하지 못해 경고를 줘야 하는 직원에게는 어떤 방식으로 피드백을 줘야 할까? 인간적인 배려와 함께 그들을 성장으로 이끄려면 어떻게 해야 하는 걸까?

우리 팀에 능력 있는 리드 디자이너 한 명이 새로 들어온 적이 있었다. 그의 이름을 코다라고 하자. 그는 실리콘밸리를 대표하는 회사의 시니어 디자이너였고, 명성이 자자한 에이전시에서 디렉터로 오래 일했으며, 메타의 여러 팀에서도 오퍼를 받은 어마어마한 인물이었다. 결국 그 경쟁률을 뚫고 우리 팀에 합류하게 되어 난 처음부터 그에게 거는 기대가 무척 컸다.

그러나 몇 달이 지나자 생각보다 그가 조금 힘들어하는 게 보였다. 의욕과 실력은 뛰어났지만 메타의 보텀업과 플랫 컬처 업무 방식에 잘 적응하지 못한 것이다. 그는 이미 PM 파트너가 정한 전략을 디자인적으로 실행하는 데는 익숙했지만 처음부터 전략에 기여하는 부분에서는 부족함을 보였다. 그런 능력적인 부분 외에도 불만족스러운 부분에 대해 부하직원에게 자꾸 하소연을 하는 등 리더로서 바람직하지 않은 모습들을 보여 부정적인 피드백을 받고 있었다. 나는 그럴 때마다 바로 가볍게 피드백을 줬고, 그는 조금씩 개선의 모습을 보였지만 이내 과거의 패턴으로 돌아가곤 했다. 그런 일들이 계속 반복되다 보니 문제가 점점 심각해지고 있었다.

나는 이런 행동이 팀 내에서 허용되는 순간 팀 문화 전체가 흐려질 위험이 있다고 판단했다. 함께 일하는 사람들에게 좋지 않은 영향을 끼치면 당연히 프로젝트의 성과에도 치명적이다. 나는 이 판단이 옳은지 확실히 하기 위해 HR팀에 도움을 요청했고, HR팀은 다음과 같은 경고문을 코디에게 보낼 것을 조언했다. HR이 제안한 경고문은 다음과 같은 요소들로 이루어져 있었다.

1. 직책의 레벨을 적는다.
2. 해당 레벨에 대한 기대치를 적는다(메타에는 모든 레벨에게 요구하

는 일의 범위와 결과물에 관한 기대치가 매우 자세히 문서화되어 있다. 이것을 '커리어 기대치'라고 한다).

3. 지금의 성과와 행동이 기대치에 맞는지 그렇지 않은지 적는다. 이 경우에는 '기대치 미달성'이라고 적는다.

4. 평가의 근거가 되는 행동 패턴들을 리스트로 적는다.

5. 이 행동을 뒷받침하는 주변 사람들의 피드백을 익명으로 적는다. 이 데이터를 수집하기 위해 주변 동료들과 일대일로 미팅하며 사전 조사를 한다.

6. 이들의 피드백이 기대치의 어떤 부분과 연관이 되고 평가의 근거가 되는지 설명한다.

7. 평가 리뷰 전까지 고쳐야 할 부분을 정확하게 설명한다(어떻게 고칠 수 있는지 그 방법도 몇 가지 제안한다).

이 경고문의 앞뒤에는 조직의 책임 제도와 해고 제도, 그리고 상사로서 나의 의도를 설명해놓아야 했다. 나는 새로운 조직에서 다소 높고 다른 기대치로 일을 하는 것이 얼마나 어려운 일인지 이해는 가지만 기대치에 맞는 성과를 내는 것만이 유일한 해결 방안이라고 적었다. 덧붙여 문제점이 발견되고 나서 최대한 일찍 통보하여 바로 개선하도록 도와주는 것이 나의 목적이라고 썼다.

이것을 다 준비했으니 직접 전달해야 하는 일만 남았다. 미팅 날짜가 다가올수록 많은 감정이 오갔다. 그 사람과 팀의 성과를 위한 것이지만 그래도 이 어려운 메시지를 받을 코디를 생각하니 가슴이 아팠다. 겨우 마음을 다잡고 회의실로 들어가서 메시지와 문서를 전달했다. 의외로 코디는 차분히 나의 이야기를 들었고 오히려 이렇게 꼼꼼하게 자신을 위해 자료를 만들고 조언을 준 데 감사함을 표했다. 그 후로 코디의 행동과 결과물은 놀라울 정도로 변했다. 그리고 프로젝트와 팀 둘 다 무사히 그 분기를 마무리했다. 나는 이 사건이 있고 몇 달 후 다른 팀으로 이전을 하게 되었다. 나를 대신해 들어온 팀장에게서 가끔 소식을 전해 들었는데, 제일 반가운 소식 중 하나는 코디가 일도 잘하고 팀도 훌륭히 리드하면서 잘 지내고 있다는 것이었다.

그러고 나서 몇 년 후 코디에게서 연락이 왔다. 실리콘밸리의 또 다른 거물 회사에서 오퍼가 와 이직을 하게 됐다며 떠나기 전에 나를 좀 만나고 싶다는 거였다. 축하 인사를 건네는 그 자리에서 코디는 나에게 고맙다고 말하며 그때 자신에게 준 피드백이 메타에서의 커리어에 많은 도움이 되었고 리더로서 성장하는 계기가 되었다고 이야기했다.

코디는 다행히 성장 마인드셋과 성숙함을 지닌 사람이어서 이때의 교훈을 발판으로 그전보다 더 존경받고 성과도 뛰어난 디자인 리더가 되었다. 만일 그런 강점을 지니지 못한 디자이너였다면 그는 그날 이후 그냥 회사를 떠나버렸을 수도 있다. 결과적으로 말하기 어려운 피드백이었지만 열심히 준비하고 전달해준 것이 옳은 선택이었던 것이다.

그리고 한 가지 더. 코디가 떠나기 전 나한테 고마움을 전해주었기에 나는 팀장으로서 오래전 내린 어려운 결정에 대한 확신이 생겼고('어려웠지만 그 결정하길 참 잘했다'), 그로 인해 한층 더 성장하며 기쁨을 누릴 수 있었다. 팀장으로서 팀원들과 헤어지게 되어도 그들의 앞날을 진심으로 응원했기에 그 사람의 성장과 성공이 마치 내 일인 것처럼 크게 느껴졌다.

지금 어려운 피드백을 주는 게 맞는지 혹은 어떻게 줘야 할지 고민하는 팀장들이 있다면 이 스토리가 조금은 도움이 되길 바란다. 당신이 준 어려운 피드백이 한 사람의 커리어에 날개가 되어줄 수도 있다.

엄격한 제도 속 인간적인 배려와 보호

엄격한 책임 제도의 핵심은 기대치를 현실적으로 잡고 결과를 내는 것이지, 기대치를 높게 잡으라거나 지킬 수 없는 기대치를 무리해가며 지키라는 것이 아니다. 그리고 무엇보다 그 과정에서 자신과 주변 사람들의 건강을 해치지 않는 것이 중요하다. 자신을 해치면 본인의 성과는 물론 팀원에게도 그 영향이 미치게 되고, 단기간에 성과를 내더라도 지속가능하지 않기 때문에 결코 바람직한 방향이 아니다.

하지만 메타처럼 능동적이고 고성과에 대한 욕구가 높은 직원들이 모인 곳일수록 많은 사람들이 자기 몸 컨디션을 무시하고 달리다가 스트레스와 번아웃을 경험하곤 한다. 의욕대로 일할 수 있는 자율문화가 결합되었기에 그 정도가 더 심하다. 이런 조직일수록 직원들에게 지속 가능한 속도로 일하는 방법, 스트레스를 관리하는 방법, 번아웃 예방과 치료법 등을 가르쳐주고 건강에 무리가 왔을 때 도움을 줄 수 있어야 한다.

나 역시 속도 조절하는 법을 몰라서 신체적·정신적으로 무리가 왔던 적이 몇 번 있다. 스트레스로 인한 불면증, 체중 변화 그리고 번아웃도 몇 번 생겼는데 다행히도 회사 내 너무 많은 도움과 자원들 덕분에 이를 극복하고 건강한 모습으로 다시 일어설 수 있었다. 이들을 통해 당시의 어려움을 극복했을 뿐 아니라 전체적으로 건강한 일과 삶을 유지하는 방법을 조금씩 터득하며 성장할 수 있었다. 그중에서 내게 도움이 되었던 몇몇 방법들을 여러분에게 소개해볼까 한다.

- **정신적인 건강 관리를 위한 치료** 심리상담과 치료에 대한 편견이 한국과 미국 둘 다에 아직 남아 있긴 하지만 그나마 실리콘밸리에서는 점점 정신건강에 대한 인식이 높아지고 있는 추세다. 요즘 웬만한 IT 회사들은 심리 상담을 지원해주고, 특히 실리콘밸리의 수많은 리더들이 삶의 질 개선과 건강 유지를 위해 꾸준히 노력하는 것이 공개되면서 최근 많은 변화가 생겼다. 나 역시도 주변 리더들의 추천으로 심리 상담cognitive behavioral theraphy을 받아 조직 생활과 개인적인 삶에서 기대 이상의 효과를 많이 보았다.

- **넓은 의미의 병가** 여기에서 말하는 '병'에는 신체적인 질병뿐만이 아닌 정신적인 건강(번아웃 등)도 포함되며 나아가 가족의 건강까지도 포함한다. 자신이든 가족이든 돌봐야 할 사람이 있다면 업무에 제대로 집중할 수 없기 때문이다. 이러한 경우 무리해서 일을 맡으려다가 본인과 회사 둘 다에 악영향을 초래할 수도 있다. 이때는 아예 쉬면서 해결책을 찾는 것이 더 바람직하다. 예를 들어 자신의 일을 대신 해줄 사람을 채용하든가, 여건이 안 된다면 업무에 관한 기대치를 조절하도록 한다. 이러한 절차를 거치면 오히려 일의 우선순위를 다시 생각하게 되면서 가지치기도 잘 되고 효율도 높일 수 있는 계기가 생긴다.
- **명상** 메타에서는 특정한 명상 앱과 파트너십을 맺어 직원들에게 맴버십 할인을 해주었는데 나도 이를 통해서 처음으로 주기적으로 명상을 하는 습관이 생겼다. 화면을 늘 들여다보고 빠른 속도로 일을 하는 사람들에게 명상은 스트레스 조절, 불면증 해소와 마음챙김에 아주 중요한 역할을 한다. 명상은 이미 번아웃을 겪고 있는 사람들에게 효과적일 뿐만 아니라 스트레스를 예방하고 성과를 향상시키는 데도 도움을 준다. 주기적인 명상과 심호흡 습관을 추천한다.
- **재충전** 5년 이상 근무하며 평균 이상의 성과를 보인 직원들은 '재충전recharge'이라는 이름의 안식달을 가질 수 있다. 그냥 잠시 일에서 손을 놓고 개인적인 삶에 집중하며 쉴 수 있는 한 달의 시간을 주는 것이다. 안식달은 평균 2년마다 이직을 하

는 실리콘밸리 문화에서 실력 있는 사람이 장기적으로 회사와 함께할 수 있도록 하기 위해 만든 제도인데, 실제로 쉬는 법을 모르는 수많은 사람들에게 아주 의미 있는 경험이 되고 있다. 이런 재충전의 시간 동안 개인의 삶에서 의미 있는 경험을 하고 배움을 통해 한층 성장한 후 돌아와 회사에 더 많은 공헌을 하는 경우도 많다.

Author's Note "우리 회사는 아직 그럴 여유가 없는데?"

사실 이러한 제도에 대해 설명을 할까 말까 많은 고민을 했다. "메타처럼 이미 성공하고 재정적으로 안정된 회사니까 이런 제도를 시행할 수 있는 것 아닌가?"라는 질문이 틀린 말은 아니기 때문이다.

하지만 생각해보면 이 회사들은 아무것도 없었던 창업 초기부터 출퇴근에 제약을 두지 않고 맘껏 쉬고 놀면서 일해도 된다는 자율적인 조직문화로 유명했다. 바로 '해야 할 일만 제대로 한다면'이라는 결과에 대한 책임 제도가 있었기 때문이라고 생각한다.

또한 바로 이러한 밸런스가 전 세계의 실력자들을 모으고 또 유지할 수 있는 실리콘밸리의 성장 발판이었을지도 모른다. 최근 들어서는 필요할 땐 쉬고 자신의 페이스에 맡게 일할 수 있는 너그러운 시스템이 더욱더 젊은 실력자들을 끌어모으는 요인이 되고 있다. 그러므로 아직 창업인 단계의 조직이라도, 아니 오히려 창업 단계이기 때문에 처음부터 이러한 조직문화를 일찍 세우는 것이 중요하다고 하겠다.

책임 제도에도 예외는 존재한다

2020년부터 전 세계가 코로나로 고통을 겪을 때, 특히 미국에서는 다양한 인종차별 문제들이 발생하면서 그 아픔이 배로 커지게 되었다. 미디어에선 메타의 책임과 의무가 크게 이슈화되었고 직원들의 스트레스는 그야말로 절정을 이루었다. 케임브리지 스캔들부터 시작해 수많은 사회적 이슈 등을 겪으며 회사와 직원 모두가 '힘든 시간'을 여러 번 보낸 적이 있지만 2020년은 다른 해와 비교할 수 없을 만큼 힘든 해였다. 그나마 온라인으로 계속 일을 할 수 있었던 우리는 감사한 마음을 잃지 않았지만 그래도 정신적으로 아픈 건 어쩔 수 없었다.

나는 이때 처음으로 엄격했던 이 책임 제도의 예외를 목격했다. 저커버그가 코로나 팬데믹이 터지자 그 분기의 평가 리뷰를 모두 무효화시키며 사람들이 정신건강을 우선시할 수 있도록 해주었던 것이다. 그리고 회사 직원들과 매주 소통하는 Q&A 시간을 통해 자신과 가족의 건강을 먼저 챙기라는 메시지를 강하게 전달했다. 이 메시지가 진정으로 실천되기 위해서는 평소 높은 기대치만큼 성과를 내야 하는 압박을 잠시 내려놓을 수 있어야 했다. 성과와 직원 유지를 위해 중요했던 책임 제도도 사람들의 건강과 안전을 위해선 예외가 있을 수 있다는 걸 회사가 몸소 보여준 것이다. 회사는 6개월간의 성과보다는 직원들을 보호하는 선택을 내렸다.

그리고 더 놀라운 사실을 발견했다. 그 분기 막바지에 내가 관리하던 팀의 성과를 봤는데, 평가 리뷰를 한 번 생략했는데도 평소보다 성과가 떨어지지 않았던 것이다. 어떤 면에서는 더 완성도 높은 콘셉트가 나왔던 해였고 소수의 프로젝트가 더 큰 성과를 보이기도 했다. 기대치를 조절하여 정말 필요하고 중요한 일에만 집중할 수 있었고 회사의 배려에 힘이 생겨 주어진 일에 더 능률이 올랐던 게 아닐까 싶다.

이러한 책임 제도 덕분에 메타는 20년 가까운 세월 동안 자율적인 업무 방식과 조직문화를 활발히 유지할 수 있었으며 직원들에게 최대한의 배려와 혜택도 줄 수 있었다. 나는 여전히 일할 땐 최고로 열심히 일하고 쉴 때는 과감히 사람을 먼저 생각하는 이 회사의 조직문화와 철학이 높은 성과와 인재를 유지하는 중요한 요소라고 믿는다.

"함께 성장할 수 있었습니다"

메타에서는 사람들이 퇴사할 때면 사내 게시판에 '배지 포스트 badge post'라는 걸 써준다. 자신의 사원증 사진과 함께 그간 회사를 다니며 느낀 점이라든가 동료들에게 하고 싶은 말들을 써서 전달하는 것이다.

메타에 7년 동안 있으면서 많은 배지 포스트들을 받아보았는데 거기에 공통적으로 가장 많이 쓰인 메시지는 바로 '덕분에 성장했다'는 것과 '좋은 커뮤니티와 인연들'에 대한 소회였다. 우리는 그렇게 보텀업 컬처부터 책임 제도에 이르기까지 마치 톱니바퀴처럼 맞물려 돌아가던 일곱 가지 조직문화 속에서 동료들과 함께 성장하며 더욱 두터운 우정을 형성할 수 있었다.

내가 메타에서 받은 가장 큰 선물 역시 성장과 인연, 그 두 가지였다. 2015년 봄, 메타에 입사했을 때의 나와 2021년 가을, 성장한 모습으로 메타를 떠나온 나는 완전히 다른 사람이었다. 그리고 지난날들을 돌아보니 '성장의 보람'은 내가 생각했던 것보다 훨씬 더 컸다.

EPILOGUE

이 책의 집필은 강원도 양양에서 시작했고, 서울에서 완성했으며, 에필로그는 지금 스위스 취리히에서 쓰고 있다. 안식년 동안 디지털 노마드처럼 여러 도시에서 생활하며 다양한 개인 프로젝트를 하는 도중 책을 쓸 기회가 생겼기 때문이다. 안식년을 보내고 있다는 건, 현재 나는 어떤 조직에도 소속돼 있지 않다는 의미다. 그럼에도 '어떻게 하면 일을 더 잘하는 사람이 되고, 일 잘하도록 돕는 조직을 만들 수 있을까'라는 주제로 글을 쓰고 있으니 참 재미있고도 아이러니하다.

보통 교수직 등의 학자들에게 안식년은 평소의 책임과 의무를 떠나 다음 연구를 준비하는 시간으로 여겨진다. 이 기간 동안 좀 더 깊이 파고들고 싶던 주제를 공부하거나, 협업하고 싶었던 다른 도시나 해외의 학자들과 만나 공동 연구를 진행하며 시간을 보낸다. 교수인 아버지를 보고 자라며 그 시간이 참 의미 있어 보였다.

직장인으로 살면서 안식년을 가질 기회는 없었지만, 2011년 내가 스스로 안식년 기회를 만들고 경험한 것은 인생에 큰 전환점이 되었다. 대학교 시절부터 취업까지 계속 앞만 보고 달려왔던 내가 뜻밖에 '쉼'의 기회를 갖게 되면서 인생이 변하기 시작했던 것이다. 그 첫 번째 안식년 동안 배우고 경험한 것들을 통해 비주얼 디자인에서 UX 디자인으로 커리어도 전환하게 되었고, 노르웨이라는 새로운 문화권에서 살아볼 기회도 생겼으며, 그때의 커리어 전환으로 실리콘밸리까지 오게 되었다.

그 이후 내 의지로 주기적인 안식년을 만들어야겠다고 결심했다. 내가 생각하는 안식년은 아무것도 하지 않는 쉼의 개념이라기보다, 지금껏 달려온 나의 길과 목표를 돌아보며 다른 방향이나 새로운 가능성을 탐색해보는 기회이다. 도피가 아닌, 그다음 스텝을 위해 새로운 길을 찾고 개척해보는 시간을 갖는 것이다. (물론 아무것도 하지 않는 적극적인 휴식의 안식년도 적극 찬성이다!)

나의 이번 안식년은 코로나19 때문에 바깥세상으로 나가기보단, 내면의 여행을 하는 시간으로 채워졌다. 남편과 차로 미국을 완주한 다음 한국에 와서 한국 문화에 대해 배우고, 그 속에서 나 자신을 더 알아가는 소중한 시간을 가졌다. 나의 다문화 배경과 이를 통해 생겨난 독특한 관점이 나만의 강점인 것도 더욱더 깨닫게 되었다.

안식년 동안 내게 찾아온 기회들에 "예스" 하고 물 흘러가듯 살아보기로 마음먹은 중에 이 책을 쓸 기회가 생겼는데, 나만의 경험과 강점을 다른 사람들을 위한 가치로 전환할 수 있는 감사한 기회가 생긴 셈이다.

한국에 와서 여러 사람들과 만나 대화해보니 많이들 지쳐 있었다. 코로나19라는 유례없는 비상 상황이 지난 몇 년간 지속돼왔는데 아무 일도 없다는 듯 예전처럼 일하고 성과를 낸다는 게 오히려 무리였다. 지치는 게 당연하다. 이럴 때일수록 좋은 조직문화와 뚜렷한 규칙, 그리고 구성원을 향한 신뢰가 더욱 필요하고 빛을 발할 것이다. 지금이야말로 반드시 문화와 사람에 투자할 시간이다. 사람들은 점점 자신의 가치관과 속도에 맞게 조절하면서 성과를 내고 성장할 수 있는 조직을 찾을 것이다. 그런 사람들과 조직이 건강한 관계를 유지할 수 있기를, 이 책의 조언들이 날개가 될 수 있기를 간절히 바란다.

그러다가 또 쉬어야 할 때가 찾아오면, 쉬고 다시 시작해도 충분하다고 이야기하고 싶다. 분명히 더 강해지고 산뜻한 모습으로 돌아와서 달릴 수 있을 것이다.

주 의

메타도 다른 조직들처럼 절대 완벽하지 않으며, 계속 변화하고 성장하고 있는 진행형의 기업이라는 당연하지만 중요한 말을 꼭 하고 싶다. 내가 이 책에 담은 내용들은 메타에서 일하는 동안 성장의 발판이 되어주었고 좋은 레퍼런스가 될 만한 이상적인 에피소드들을 모은 것이다. 즉, '모든 것이 의도대로 돌아갔을 때'의 예를 든 것이니, 그렇지 않을 때의 좋지 않은 사례도 분명히 있을 것이다. 마지막으로 이 책의 모든 내용은 메타의 공식적인 입장이 아닌 나의 개인적인 경험과 의견을 기반으로 쓰였음을 밝혀둔다.